宇宙につながると夢はかなう

新装版

33 Ways to Attract Happiness

しあわせを引き寄せる33の方法

浅見帆帆子

Asami Hohoko

まえがき

この本で伝えたいこと

1 「運」の仕組みは、宇宙の法則を知っていくほんの入り口である

私は、これまでずっと「運の仕組み」について書いてきましたが、「運の仕組みを知る」というのは、その先にある「目には見えない偉大な世界」を知るためのほんの入り口にすぎない、といつも思っています。

簡単に言えば、宇宙の仕組み、この世の仕組み、今人間として生まれてきている意味などを知っていくための入り口です。

「運がよくなる」という理解にも段階があって、まずは日々の小さなラッキーを起こすことから始まりますが、先へ行けば、宇宙との一体を感じる段階まで限りなく続きがあるのです。

「運」は、その人の考え方や意識の持ち方で確実に変わり、生まれたときから決まっていて変えられないものではありません。持って生まれた「器」の大きさは人によって違いますが、与えられた器のなかで最大限に運がよくなる考え方をすることで、誰でも同じような質と量の幸せを感じることができます。

この数年で世間にあふれるようになった「開運の方法」や「運のいい人の考え方」なども、運を良くする方法のひとつです。自分の環境によって、「これは無理がある」と感じるものもあるかもしれませんが、その中の自分にできる方法をためしに実践してみると、まわりに起こる物事が本当に変わっていくのを実感するはずです。

すると、「生まれたときに与えられた環境や資質だけで人生が決まってしまっている」というあきらめがなくなり、「自分次第でどんどん生活を変えていくことができる」と、未来に夢や希望を持てるようになるのです。

これが第一段階だと私は思います。

ですが、「運を良くする」というのは、「目先のちょっとしたラッキーで生活が楽しくなる」というようなことだけを指しているのではありません。

本当に運を良くする考え方というのは、生きることへの不安や寂しさがなくなり、まわりへの憎しみや嫉妬《しっと》、比較や争いなどとは無縁になり、今生きていることに深い幸せを感じることにつながる方法です。「至福」を感じながら、毎日を生きることができる状態です。中には、人間の力でははかり知れない偉大ななにかや宇宙と、つながっているような感覚を持っている人もいます。

ですから一言で「運が良くなる考え方」と言っても、その深さは様々なのです。

また、気付き方も様々です。これらを宗教学から説こうとする人もいれば、哲学や思想から考える人もいれば、科学で証明しようとしている人もいます。同じことを病気にかかったことでわかった人もいれば、苦しいなにかを経験してわかった人もいます。そのような経験がなくても、日常生活のなかで自然とそこに達している人もいます。

どんな方法であっても最後に到達するところは同じなので、気付き方に優劣はまったくありませんし、これだけが正しい、という唯一の方法もないと私は思います。

2 強運な人は、宇宙に応援されている

はじめから「目に見えない世界」や「宇宙とつながる考え方」という言い方をしたとき、それがそのまま「意味がわかる」という人もいれば、裏付けのないあやしい洗脳のひとつのように感じられる人もいると思うので、まず「運」のことを知って自分の生活が明るく変わっていくことを体験し、それがきっかけになればいいなあ、と思います。

と言っても、私は（本を書くときはいつもそうなのですが）「ぜひみんなにもこの素晴らしい考え方を知ってもらいたい、あなたもそうなるべき」というような情熱で書いているわけではありません。自分の生活で実験してわかったこと、感じたことをそのまま書いているだけです。宇宙とつながる道は、生きているあいだ終わりはないもので、私自身も永遠に発展の途中だからです。

現代は、どんなに物があふれていても、「物がある」というだけで満足する時代は終わり、たくさんの人が精神的な幸せや満足感を求めています。

たとえば「売れる商品」とされるものも、それがまわりに本当の意味で幸せを与えているものでなければ、どんな宣伝をしてもどんな戦略をたてても「売れるもの」にはなりません。目先の利益ではなく、これからの世界や地球に本当に必要なもの（＝利他になるもの）だけが長く残る時代だと思います。

同じように、人間も、宇宙につながる考え方をしている人は残るし、うまくいく時代だと思うのです。「うまくいく」というのは、物心両面で至福を感じ、まわりの人も本人も幸せを感じられるような生活ができている状態です。

仕事の種類や大きさではなく、大きな流れで見てまわりの人を幸せにするなにかをしている人は、宇宙に応援されるからうまくいくのです。宇宙に応援されると、まるでお膳立てをされているように物事がうまく運んだり、なにかとつながっているような満ち足りた感覚になります。

この「なにかとつながっているような」至福感というのは、国を動かすような大きな使命がある人だけではなく、たとえば主婦の生活にもあるのです。

その証拠に、現代は本当に多くの人が、見えない世界のことや学校では習わない「大切なこと」に自然と気付く時代になりました。

数十年前であれば、これらのことに気付いてそれを語る人というのは、それらを学問として専門的に研究、修行をした人、その仕事にたずさわっている人、哲学的なことを語ってもおかしくないとされる人生の経験者や年配の人だけに限られていましたが、現代は普通の人が普通に気付いています。理論や経験を飛び越えて、直感として小さな頃からわかっていたり、日常生活で自然と気付いている人がたくさんいるのです。

あらゆる種類の人が、「意識改革」や「世界平和」などを訴え始めているのも、そのひとつです。書籍やネットの世界でも、見えない世界についての様々な情報があふれるようになりました。すべてが本物かどうかはわかりませんが、精神的な本当の豊かさに気付く必要があるから、それに対しての意識が高まり、ニーズが増えているのだと思います。

「宇宙につながる考え方」に気付いている人は、若者にも、子供にも、主婦にもいます。逆に言えば、世間的に立派な地位にいる人、有名な人、経験豊富な人は必ずわかっている、とも言えません。肩書や知識が邪魔をして、これを実感できない場合もあるからです。今の自分の生活に心から至福を感じられない状態であれば、それは「頭だけの知識」だと思います。

どのような気付き方であれ、宇宙とつながる考え方をしている人が幸せになり、豊かさを感じることができる時代です。

そして、幸せを感じて自由に生きている人と、世の中の暗い部分に文句を言って不幸を感じ続ける人との差は、ますますひらいていくように思います。

3 パッと引くカードのメッセージでさえ偶然はない

宇宙とつながり、そこからたくさんの直感や情報を受け取るには、やはり「宇宙とつながるような考え方」をする必要があります。ラジオ（たとえばJ－WAVE）を聞きたいと思ったら、J－WAVEの電波に合わせないと情報が流れてこないように、宇宙の情報を受け取るためには、受信するこちら側（自分自身）を宇宙の波動に合わせる必要があるのです。

そこで今回は「運がよくなる」だけで終わらせるのではなく、宇宙とつながることまで意識した方法を書きました。

また、本書と合わせた「ドリームカード」が別売りされています。それはこの数年で「パッと引くカードに書いてあることすら偶然はない」ということを私自身が再確認したからです。偶然どころか、そのときの自分に必要なことを教えてくれている、と日々感じています。

私が「この数年で一番！」と言えるほど落ち込むことを経験したとき、たまたま引いたカードに「必ず抜け出すときが来る」というようなことが書いてありました。また、別の状態のときに引いたカードには「とにかく運動をしなさい」とあり、誘われるままに運動を始めたら、そこで出会った人たちから思いがけないきっかけをもらいました。

精神的に成長したなあと感じているときに引いたら、「本当の愛」について書かれてあるカードが出てきました。驚いたことに、時間をおいて同じ気持ちで引くと、3回続けて同じカードが出てきたのです。

中心に「私」という波動があるかぎり、そのときの波動にぴったりのもの、そのときの私に必要な言葉を引き寄せるのでしょう。他にも数え切れないほどのシンクロニシティー現象を経験し、「自分の意識が外側に引き寄せてくるものを決めている」ということを再確認しました。

その過程で、「カードとセットにした本を書きませんか」という依頼をいただいたので「なんてタイムリーなんだろう」と思ったその日から、読者の方々のお手紙に「今の自分に必要なメッセージを伝えてくれるカードのようなものがほしい」と書かれてあることが続いたのです。なによりも、そのときの私の心がワクワクと反応していたので、「今回はカードを作ってみよう」となりました。

本書に書いてある方法は、ひとつひとつが単独で「宇宙とつながる方法」です。

また、番号がふってありますが、「1番が一番重要」ということでもありません。

あなたのまわりに起こることに偶然はありません。すべて、あなたの波動に合ったものを外側に引き寄せているのです。

ですから、心に思ってカードを引けば、今のその心に必要なメッセージを受け取ることができます。

皆様の気持ちが少しでも明るく、今生きていることに幸せを感じることができるといいなと思っています。

浅見　帆帆子

contents

目次

method / 1

今の自分を信頼する

↓宇宙からの情報は今のあなたにも与えられる

宇宙からの情報（パワー）を受け取るようになるには、まず、「絶対に宇宙からの情報をキャッチできる」と、今の自分をそのまま信頼してください。

流れに乗っている人、なにが起こっても幸せの軸がぶれない人、至福感を味わいながら仕事をしてうまくいっている人たちは、宇宙のパワー（情報）を受け取って、その情報をそのまま実践して生活しています。その感覚はとてもシンプルで、えらそうな「上からの啓示」でもなければ選民意識でもなく、特別な修行を積んだ人だけにひらかれるものでもありません。

また、見えない世界のことに偏っていることもなく、それらに頼りきっている生き方でもありません。社会生活で夢に向かってワクワクしながら、同時に現状にも満足して幸せを感じながら暮らしています。

宇宙とつながっている人に職業的な共通点はありません。「仕事」は今の人生でのただの役割に過ぎず、「今回の人生ではその作業を通してなにかを伝える役目がある」というだけだからです。

ですから、宇宙とつながっている人の中には科学者もいれば宗教家もいるし、芸術家もいれば、企業家も、サラリーマンも、街の商店のおじさんも、主婦も、学生も子供もいます（むしろ、子供のほうが宇宙とつながっている人が多いかもしれません）。

たいそうな経歴や立場がある人のほうが宇宙とつながっている、またはつながりやすいということもありません（むしろ、たいそうな経歴こそが邪魔をしている場合もあります。知識や思い込みが、素直に感じることに壁をつくっていることがあるからです）。

人生の過程で、大きな出来事を経験したからこそわかった人もいれば、なにもない平凡な生活の中で自然にわかってしまっている人もたくさんいます。それがその人の今の人生での「気付き方」なので、どちらのほうが素晴らしいということではまったくありません。

宇宙とつながっている人に共通していることは、間違いなく、「今に満足して幸せに暮らしている」ということです。満足したまま停滞してしまっているということではなく、その人なりの次の目標へ向かっていたり、幸せを共有する友人や家族に囲まれて充実した毎日を過ごしている、ということです。

それは、宇宙からの情報（と本人が認識しているかは人によりますが）を生かす、大きな流れに乗るという感覚を自然に実践しているからなのです。

あなたの助けになる宇宙からの情報は、誰にでも平等にやってきます。現象としてきちんと目の前に現れ、慣れてくると絶妙のタイミングでそれを実感するので、今の自分を信頼してください。

「そうは言っても難しいだろう」というような思いは持たないでください。そう思った瞬間に、宇宙からの情報はブロックされます。

スプーン曲げのような超能力をためす実験をするときに、会場にいる全員が「きっと曲がるだろう」という意識を持つと素人でも曲げやすくなる、という実験結果があります。逆に「そんなことはウソに違いない」と強く思う人が少しでもいると、曲げるのに時間がかかるのです。また、疑う気持ちの少ないお年寄りや子供のほうが曲げやすい、といいます。

「宇宙からの情報、直感なんて自分には来ない」と、自分の可能性を自分でブロックしてしまっては、せっかく宇宙はそれを与えようとしているのに、知らないうちに拒絶していることになるのです。

自分にはムリ
せっかく情報が
来ているのに…。
これでは来ていないのと同じ

宇宙からの情報をつかむコツがわかると、心配事がなくなったり、不安なことを考えなくて済むようになったり、困ったときにパッと良い解決策が浮かんだり、自分の夢を助けてくれる人の縁に恵まれたり、人生に起こることを純粋に楽しめるようになります。これを「運がよくなった」と言う人もいるでしょう。

今まで、そのような感覚になった経験がまったくなくても大丈夫です。「もう気付いたから、今日を境になにかが変わる。たった今から自分の意識は切り替わった」と思ってください。

まずは、今のままの自分で大丈夫だと強く信頼することです。

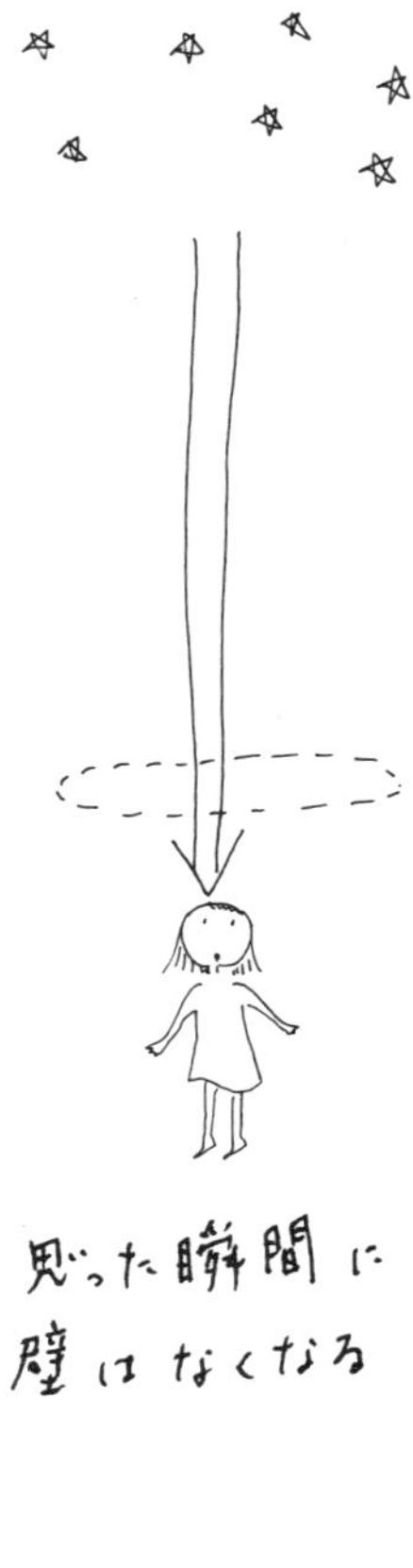

method／2

今の瞬間を楽しむ

↓今を楽しむ波動が次を引き寄せる

今日、目の前に起こることを、ひとつひとつ楽しんでください。
その「楽しむ波動」が次の「もっと楽しいこと」を引き寄せてきます。
この繰り返しが、あなたの生活をつくっているのです。

楽しいことも、人生を好転させるようなハプニングも、すべて今のあなたが基本であり、今のあなたの延長線上にやってきます。突然どこかから降ってくるように感じても、すべて、あなたの日ごろの言動や目に見えないけれども積み重ねてきたことの結果なのです。

モノにはすべて波動があって、それぞれが振動しています（すべてのモノは原子からできていて、原子は極小レベルで振動しているからです)。

目に見えるモノはもちろん、目に見えないモノも、それぞれが振動しています。たとえば、音波、電波、超音波、電磁波と言われるものも、「波」として振幅があり振動していますよね。

波動の特徴は、その振動数と同じものを引き寄せる(＝違う振動数のものは拒絶する)というものです。ラジオを聴こうとするときには、その局の周波数に合わせなければその局で流れている情報を受信できないようなものです。

楽しいことを引き寄せようと思ったら、あなたが「楽しい」と同じ振動数になればいいのです。つまり、あなたが毎日「楽しい」という波動でいれば、「楽しい」ということがやって来るし、「つまらない」と思っていればつまらないことがやってきます。

これはとても公平な仕組みです。波動の種類を「楽しい、楽しくない」と表現するからわかりにくくなるだけで、「A波、B波」としてみれば、A波を出しているのにB波が来るはずはありません。

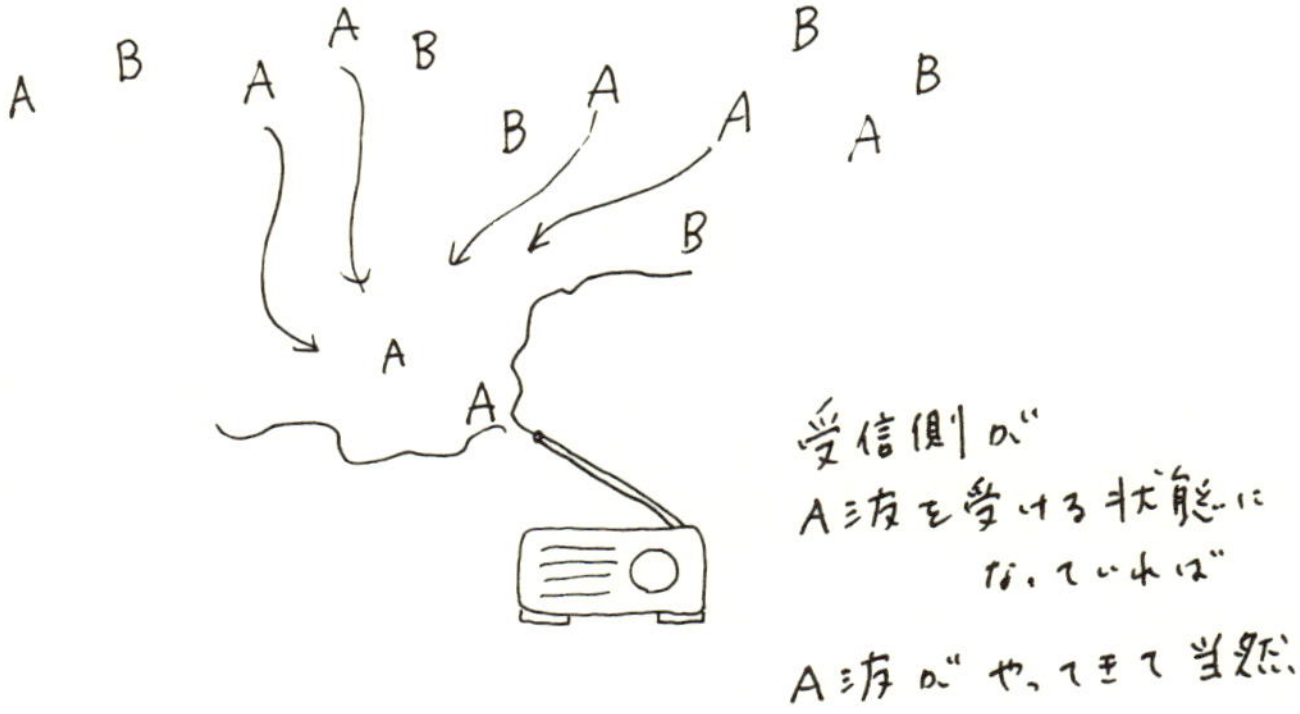

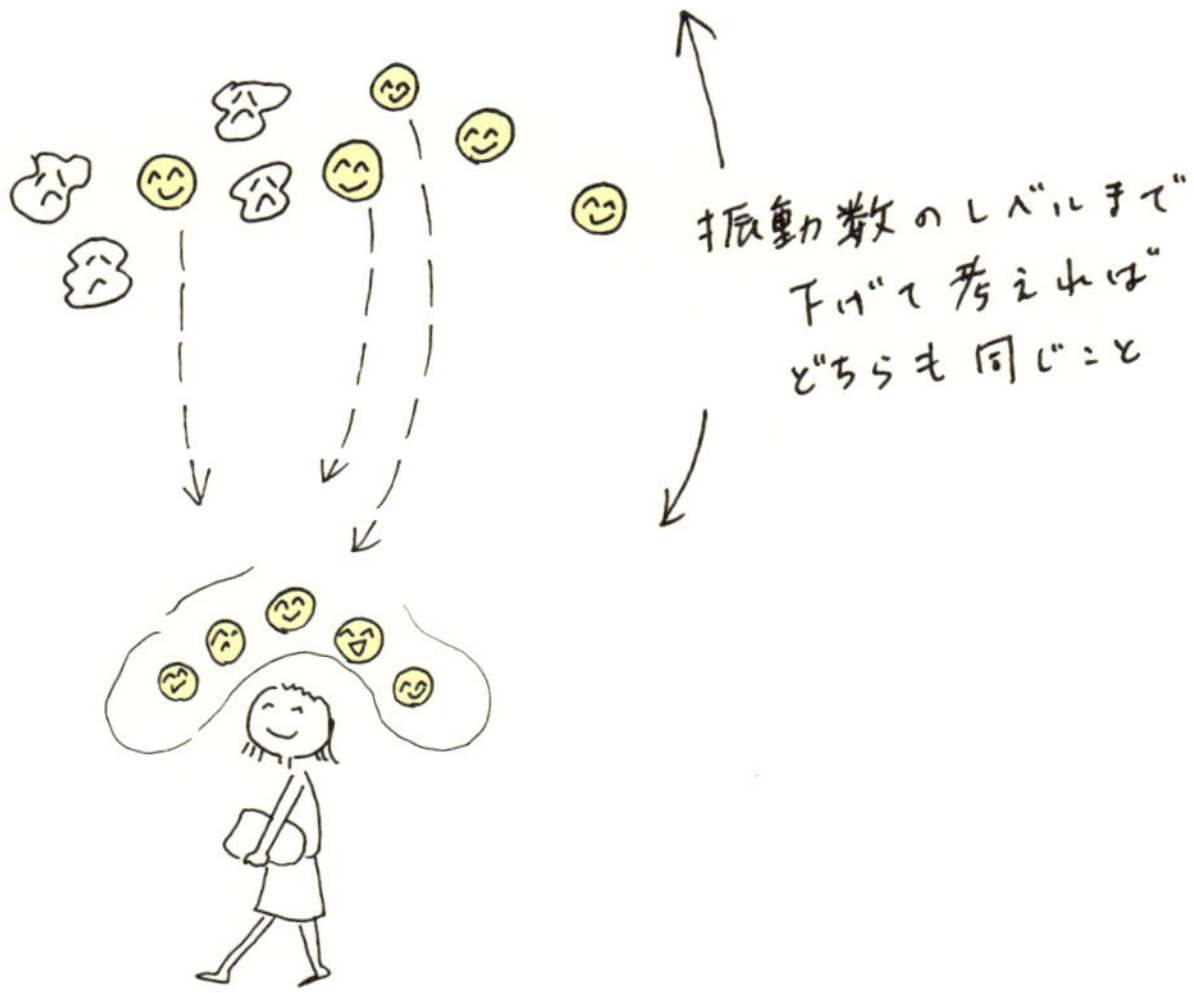

2 今の瞬間を楽しむ
→今を楽しむ波動が次を引き寄せる

ですから、「今」を楽しく感じられない人に、突然信じられないような幸せなハプニングが起こることはほとんどないのです。

その証拠に、大きな夢を実現して今を幸せに暮らしている人たちは、普段からわりとワクワクしていた人が多いでしょう。夢が実現したから明るくなったのではなく、そうでないときから同じような気持ち（＝波動）で暮らしていたはずです。

また、そのような人たちの話を聞いてみると、幸せの始まりは、誰にでもある普通の出来事からスタートしていたはずです。

たとえば、日常的ななにげない人との会話、ある日ふと思いついたこと、目にとまったこと、たまたま隣の席になった人との盛り上がり……など、「まさかあれがきっかけになるとは思ってもいなかった、というようなことが繰り返されて、いつの間にか現在の状況になっていた」という過程をたどってきたことが多いでしょう。

誰にでもあるようなことが面白い発展をしていったのは、一番はじめにその人がそれを純粋に楽しむ＝楽しむ波動を出していたからなのです。

ためしに、今日一日の予定を、ひとつひとつ楽しもうとしてみてください。

「せっかくだから大切にしよう」と思うだけでいいのです。

「楽しい、面白い」と感じられるのは、起こる出来事の内容ではありません。

同じことをしていても、あの人が話すといつもすごく楽しそうに聞こえる、ということがありませんか？

起きていることは大して自分と変わらないのに、あの人の人生には素晴らしい出来事が毎日起こっているように聞こえたり、自分とはまったく違う生活をしているように感じることがあると思います。

これはその人が大げさに話しているのではなく、その人にとっては本当に楽しく、面白く、幸せなこととして映っているのです。その人が「目の前のことを楽しもう」という波動で向き合っているからこそ、そこから新しい発見があったり、大笑いできたり、とても楽しかったという結果で終わることができるのです。

あなたがその人の生活と入れ替わっても、「それを楽しもう」と思わない限り、同じように楽しくは感じられないでしょう。

はじめは、頑張って「楽しもう」としていても、その波動は次の出来事（もっと心から楽しいと思える内容のこと）を引き寄せ始めます。つまり、「あなたの気持ち次第」という言い方は、「見方を変えるとなんでも楽しくなる」という「見方」の問題だけではなく、起こること自体が確実に変わっていくことも指しているのです。

せっかく人間として生きているのですから、今日の人との出会い、会話、なんでもない雑用、小さなラッキーなこと、不思議な偶然が重なったこと、うれしかったこと、親切にされたこと、感心したことなどをたっぷりと味わって、感動してください。「肉体を持って生まれているからこそ、これを味わえる」と思ってください。

そして、「楽しいなあ、面白いなあ」という気持ちがたくさんたまったとき、あなたにとってさらにうれしいこと（少しずつ大きな、前よりもっとうれしさを感じること）が必ず引き寄せられてきます。あなたの意識が、毎日当たり前のように「楽しむ」波動になると、宇宙の周波数と同じになり、楽しいことが連続して起こるようになるのを感じるはずです。
朝起きたときに「今日はどんなことが起こるんだろう」と思ってください。
目の前のことが、もしかしたらものすごく面白い展開をしていくかもしれない、
と思ってワクワクしてみてください。

2 今の瞬間を楽しむ
→今を楽しむ波動が次を引き寄せる

method / 3

すべてを本音で選ぶ

↓「本音」は宇宙からの情報である

なにかを決めるとき（選ぶとき）、すべてあなたの本音の通りに決めてください。

人の意見を十分に取り入れて、たくさんの情報やデータを参考にしたとしても、最終的にはあなたの「こっちがいいと思う。あっちはなんだか気が進まない」という感覚で素直に決めてください。

あなたが感じている「こっちがいいと思う」というなにげない感覚は、宇宙からの情報だからです。つまり、あなたの本音をそのまま受け入れるということが、宇宙からの情報に気付く第一歩です。

感覚だけでなにかを決定するのが苦手な人はいます。

それを選ぶ理由、人に説明できるきちんとした理由がないからです。

でも、理由がないのにそう感じてしまうというのは、逆にすごいことだと思いませんか？　人からの話やデータなどに関係なくその感覚になるというのは、あなたではないなにかが与えてくれている情報だからです。なんのために与えているかと言えば、それがあなたにとって今必要な情報だからです。人間ではない大きなものの流れに反するものであれば「なんだか違う」と感じ、逆にあなたを発展させていくことであれば「すごくいい」と感じるのです。

うまくいっている人たち、あなたから見て幸せに成功している人たちは、この「自分の本音の感覚」をとても大切にしています。人間としての自分の力以外の「大きなもの」を自然と尊敬し、そこから来る情報をありがたく活用しています。

私たちの「感覚」というのは、宇宙の情報を察知する方法のひとつなのです。

×
×
No!
No!
No!
なんだか違う気が…
なんでだろう
宇宙の情報が「NO」となっているのを察知しているからそう感じている

もちろん、人間として暮らしている以上、配慮しなくてはならない世間の常識や人間関係、気遣いがあります。「常識」というのは、人間の決めた習慣に過ぎませんが、やはりあまりにもそれに外れたことをしては成り立たない場合もあります。ですが、それらを加えた上でも、最終的にはあなたの感覚の通りに決めるのです。

たとえば、人から頼まれごとをされたとします。

あなたの本音ではあまり気が進まないのですが、人間関係を考えると断るのも簡単ではない……そういうときに、それをしたほうが「良いか、悪いか」ではなく、「楽しいか、楽しくないか」で決めるのです。または、どちらのほうがあなたの気持ちが楽になるか、です。これは、事業にかかわる大きなことでも、日々のちょっとした頼まれごとでも同じです。断ってそれをしないほうが気持ちが楽になるか、無理にでもしてしまったほうが気持ちの負担が少ないか、あなたの気持ちがより快適になるほうを選べばいいのです。

答えは、そのときの状況やあなたの立場によって変わるので、必ず「断るほうがいい」「引き受けるほうがいい」といつも決まっているわけではありません。

でも変わらないのは、あなたの本音はあなたに必要な情報を与えているということです。

迷ったときに、イメージしてみてください。どちらにするほうが、あなたがあなたらしく居心地良く感じますか？　どちらのほうが無理がなく、その後のあなたがきれいさっぱりと次のことに向かえますか？　どちらにしても引っかかることがある、でもどちらかを絶対に選ばなくてはならない、そういうときは、どちらのほうが引っかかりがより少ないですか？

「気持ちが快適になる」というのは、わがままを通すということではなく、「そっちでいいですよ」という宇宙からの合図です。

なにかを決めるときに、次のような材料だけで決めようとしていないか、いつも確認しながら進んでください。

・まわりの人、世間、みんながそれを勧めているから

・世間では（自分のいる世界では）それをすることが良い、格好いい、ステー

タスとされているから
・あの人に頼まれたので断れないから
・あとあと自分にとって得だから

↓気が進まないけれどそれに決める

人のしがらみに縛られていたり、相手からどう思われるかだけを気にしていたり、損得勘定だけを考えている人にとっては自分の本音を優先させて選ぶというのは難しいかもしれません。ですが、先に起こることまで含めて大きく見ると、はじめに本音の通りにすることが結局一番うまくいく方法なのです。

なぜなら、「本当は気が進まない」と心は答えを出しているのに頭で考えた理由をつけて選ぶと、後になって必ずうまくいかなくなるからです。はじめから「あまり気が進まない」という波動でそれをすることになるので、そこに引き寄せられてくるものも、あまり良い結果のものではないからです。

もちろん、はじめに「気が進まない」と思っても、「引き受けた以上はそれを楽しもうと思い、全力で向き合って進める！」と決めれば、それは良い波動になるので良い流れを引き寄せます。

ですが、はじめに「なんだか違う気がする」と感じたものを「好き」のレベルまで引き上げるにはかなり強い信念が必要です。はじめの流れを意志の力で変えていくので、「絶対にうまくいく」と強く信じる気持ちや強さがなければ難しくなります。これはたしかに人によって簡単にできる人とそうではない人がいるでしょう。そうであれば、はじめから本音の通りにしたほうが、お互いにとって良い結果になるのです。


もしあなたが損得勘定だけですべてを選んでいると、まわりにも、あなたを損得勘定で判断する人が集まってきます。「あなたと付き合っていると得だから」という理由です。まわりに集まる人は、あなたの波動が引き寄せているからです。

本音を無視して選び続けていると、その無理が体に出ることもあるでしょう。心の底で「違う」とわかっているのに、そのたびにそれに反することをし続けているからです。進めば進むほど、見えないところにストレスがたまります。

それが体に出てはじめて、どれほど体に影響を与えているかに気付くのです。

体と心はつながっています。体の不調は、どこかであなたが無理をしていることのサインだからです。

本音の通りに、それを「する」「しない」が選べるようになると、とても楽になります。好きに選んでいるから楽になるのではなく、そのほうが最終的にうまくいくということに後になって気付くからです。本音で選べるのであなたにもストレスがなく、その良い波動がそこにたずさわる人たちにも影響を与えるので、物事自体も良いほうへ流れていきます。

ですから、本音のまま自由に生きている人を見て、「自分の好きにやっていて、そのうえ物事自体もうまくいくなんてずるい」というように思うのはまったく逆なのです。むしろ、「本音の通りに進んでいるからこそ、うまくいっている」のです。

なにかで迷うとき、最終的にどちらがあなたにとって良い結果になるかどうか、はじめの時点ではわかりません。どんなに頭で予想してみても、しょせんは想像に過ぎないからです。ふたつの道を同時に確かめることはできません。

それを、「こっちがいい」「なんとなく違う」というあなたの感覚を通して、宇宙がどちらに進めばいいかを事前に教えてくれているのです。

あなたの本音の感情は、宇宙の情報の伝達手段です。つまり「どうすれば直感が来るようになるのですか？」ではなく、もう来ているのです。

あなたの本音の感情をもっともっと信頼してください。

method / 4

言霊の力を理解する

↓その1　自分を不安にさせる言葉は言わない

自分を不安にさせる言葉は使わないでください。
使えば使うほど、その言葉通りの未来がやってきます。

言葉にはパワーがあります。ためしに、今日一日、自分を憂鬱《ゆううつ》にさせるマイナスの言葉を言い続けてみてください。「自分は本当にダメだ、なにをやってもうまくいかない」「どうしてこんな人生になってしまったんだろう。こんなはずじゃなかった」「これからも、このつまらない生活がずっと続いていくんだろう……」

言っているうちに、どんどん憂鬱になりませんか？　過去の失敗や未来の不安も出てきて、ますます自信をなくしていきませんか？

次に、今あなたがうまくいっていないことを、生まれた環境やまわりにいる人のせいにして言ってみてください。「はじめから恵まれていないから仕方ない」「環境が悪い、教えてくれる人もいない」「自分は頑張っていても、一緒にいる人たちがなにもわかっていない、足を引っ張られる」

こう思い続けると、まるで、もう自分の力ではどうにもならない、絶対に変えることはできない、という暗い気持ちになりませんか？

自分が使っている言葉の影響を一番受けているのは、自分なのです。

自分の吐いた毒が
マイナスのエネルギー体をつくり、
その影響を受けて
気持ちが沈む

「不安や心配は口にしないほうがいい」と言われるのは、口に出しているうちに、その言葉の影響を自分が受けるからです。影響を受けて「その気」になり、その波動と同じ状況を引き寄せてくるからです。悪いことのほうが現実になりやすく感じるのは、悪い想像のほうが、恐れのあまり強い不安の感情と一緒に言葉にすることが多いからです。

（最悪の状況を想定して事前に対処方法を考えるのはマイナスなことではありません。「危機管理」という意味で、ある程度はして当たり前のことです。ですが、一度対処方法を考えたら、「これで大丈夫だから、もう心配しなくていい！」と意識を切り替える必要があります。安心させるために対処方法を考えただけなのに、いつまでも考えていれば、その状況を引き寄せることになります）

言葉は今のあなたの環境を勝手に決めてしまいます。そして、言っている本人が一番その言葉に縛られるのです。

口癖でつい「最悪だ、ほんとについてない」というようなことを言っていませんか？「こうなったらどうしよう」と起きてもいない不安を言葉にしていませんか？　大した思いはなく言っていても、回数が増えればそれは少しずつ現実の世界に現れるようになります。回数が多ければ多いほど、思いが強ければ強いほど、引き寄せる力は強くなるからです。

口癖はただの習慣なので、意識すれば簡単に変えることができます。

自分をへこませる言葉、否定する言葉、自信をなくすような言葉、謙遜《けんそん》のあまり必要以上に自分を下げる言葉などを口にしていないか気を付けてください。わざわざ自分の未来を悪いほうへ進ませているもったいない癖です。

そして、あなたが喜ぶ言葉、本当になったらうれしい言葉だけを口にするようにしてください。

method / 5

言霊の力を理解する

↓その2　人への言葉は自分に返ってくる

人への悪口、批評、嫉妬、敵対心のある言葉を使っていると、宇宙の波動から遠ざかります。

「ありがとう」という言葉と「ばかやろう」という言葉を言い続けた水の結晶は、まったく違った形になるという研究があります〈江本勝『水からの伝言』（波動教育社発行）〉。前者は雪の結晶のようなきれいな模様をつくり、後者は爆発したような不気味な形を描きます。

そのほか、「戦争」「爆弾」「競争」「嫉妬」などの言葉を見せた水は結晶を作らないという実験や、ありがとうという言葉をかけ続けたご飯は、普通のご飯よりも腐るのが遅いという研究など、言葉の波動が影響を与えることが証明されています。

悪口はもちろん、人をさげすむ言葉、下げる言葉、否定する言葉を使えば、あなたの波動は荒々しいものとなり、宇宙の情報を受信できる心地良い状態ではなくなるのです。

人への言葉は、そっくりそのまま自分へ返ってきます。

あなたのまわりでいつも嫌味を言う人、なにか一言難癖をつける人、必ず斜めの方向から意見をする人には、「あの人はいつも一言多い」というまわりの人の意識が集まってきます。この時点ですでに、その人が使っている言葉と同じエネルギーが返ってきていることになりますよね。

悪口を言う人に幸せが来ないのも同じ仕組みです。そのマイナスの波動を毎日浴びているのは、言っている本人なのです。

難しいのは、「悪口が良くない」というのは誰でも知っているので、堂々と「これは悪口です！」として口にする人はほとんどいない、ということです。

自分は人の悪口は言っていないと思っていても、心のどこかで相手に対しての「ねたみ」や「嫉妬」、「競い合い」の気持ちがあって言葉を発していることはありませんか？　オブラートに包んでいるようで、実はただの批判に過ぎない、ということもあるかもしれません。

無意識のうちにねたみや競争の感情を持って言葉を発している人は、また誰かをねたまなくてはいけない状況になります。「こういう人は嫌い」と言い続けていれば、その波動を出し続けていることになるので、「自分の嫌いな人」をどんどんまわりに引き寄せてくるからです。

波動の法則で自分を憂鬱にさせる人が次々と現れ、本人はますますイライラした気持ちになっていくでしょう。

つまり、人へのマイナスの言葉を口にして不幸になるのは、言われた人ではなく言っている本人なのです。

言葉の持つパワーを理解してください。言葉は、たった一言で相手を嫌な気持ちにさせることもできれば、最高の気持ちにさせることもできるのです。

もし今あなたのまわりに、毎日会わなければならない「嫌な人」や「苦手な人」がいるのであれば、ためしにあなたのほうから明るい言葉をかけてみてくだ

こういう人は嫌い
こういう人好き
素敵
うらやましい
楽しそう
あの人のここがダメ
あの人のここが素晴しい
わざわざイヤなものに
意識を向けている
→だから、ますます
イヤなものを引きよせる

さい。はじめは、心がこもっていなくてもいいのです。言葉には「言霊」という力があるので、たとえ心から感情をこめて口にしなくても相手に伝わります。言葉を変えただけで、関係が改善されることもあります。逆から考えればすぐにわかることですが、いつもあなたに明るい言葉をかけたり褒めてくれる人には、「この人にはきちんと接しよう、頑張ろう、成果を見せよう」と、自分のいいところを見せたいという気分になりますよね。

「おはよう」と言ってみるだけでも変化が起こります。返事を期待しなくていいのです。また、相手を変えようとする必要もありません。

自分の使っている言葉に注意してください。人のことを否定したり、思わぬマイナスの感情をこめていることがあったら、「たった今からやめる！」と思ってください。そして、人を喜ばせる言葉（＝あなたが言われたらうれしい言葉）を口にしてください。それだけで、まずあなた自身の気持ちが変わります。気持ちが変わるということは波動が変わるということです。

言葉は、誰でもすぐに改善できて、その効果を実感できる最適な方法です。

method／6

本当に好きなことをする＝魂が喜ぶことをする

↓

魂が喜ぶ作業は宇宙が応援してくれる

魂が喜ぶ、本当に好きなことをしていると、それは自然と社会に貢献することにつながります。まわりの人に幸せを与えるからです。

まわりの人に幸せを与えている作業は、必ずうまく流れていきます。それが宇宙の望んでいることなので、宇宙が全力で助けてくれるからです。

魂が喜ぶことというのは、

・それを考えるだけでワクワクすること
・それをしているだけでエネルギーが充実し、元気が出て、時間があるだけそこに集中していたいと思うこと
・（最終的に）まわりの人、国、地域、地球に貢献しているようなこと

ということです。

「本当に好きなこと」というのは、表面的な「好き嫌い」の感情ではなく、もっと深いところ、あなたの本質や魂が喜びを感じるようなことです。

たとえば、職人さんが自分の仕事について語っているとき、それが淡々とした話し方でも、その熱意を感じて魅せられることがあります。その作業がその人の人生を輝かせていて、それにたずさわっているというだけで幸せを感じて暮らしていることが伝わるからです。

その人の魂が本当に喜ぶことを毎日していると、本人はただそれをしているだけなのに、それを見たまわりの人に感動を与え、幸せを与えている（＝社会に貢献している）ことにつながるのです。

そして、まわりの人や国、地域、世界、地球を喜ばせることになる作業を宇宙は応援してくれるので、それに必要な情報がたくさん来るようになります。ですから、魂が喜ぶことをしている人たちは、大きな流れで見たときに「幸せにうまくいっている」という状態になりやすいのです。

「国や地域に貢献する」と言っても、大きなことをしないと貢献できないということではありません。それぞれの人の生まれてきた役目は違うので、地球規模でたずさわる役目の人もいれば、まわりの人に幸せを届けることでその役目を果たしている人もいます。

「これを通して○○を伝えていきたい」というように、あなたの魂が「伝えたい」と思っていることに沿った作業であればなんでもいいのです。本当に大切なことを伝えていこうとするとき、仕事はただの手段であって、どんな種類の作業にも上下や優劣はありません。

人によっては山に登ることで自然の素晴らしさを伝えることかもしれないし、研究によって人の命を救うなにかを発明することかもしれないし、子供に絵本を読むことで親子の愛情を伝えていくことかもしれません。

それが仕事になっている人もいれば、趣味の範囲でそれにたずさわっている人もいれば、日常生活でそれに取り組んでいる人もいます。

芸術的な活動を通して伝える役目の人もいれば、会社を大きくする（お金が集まる）ことではじめてできる規模の社会貢献もあります。家族や人の世話をすることでそれを感じている人もいます。

魂の喜びを感じる作業をしていると、それがただのお稽古《けいこ》であっても本人にとってかけがえのないものになっていたり、生きがいを感じたり、この世に生まれてきた充実感を味わえるようになります。朝起きたときに「それができる」というだけでものすごい幸せを感じるようになります。

また、魂が喜ぶことをしていると、それにたずさわること自体が楽しくてしょうがないので、その作業（仕事）がうまくいくか、成功するか、有名になれるか、人から評価されるか、または失敗したらどうしよう、というようなことはほとんど考えなくなります。

すると自然に「心配する」というマイナスの意識をもたなくなるので、知らないあいだにその仕事（作業）が形になっていくことも多いのです。

あなたがどうしてその作業や仕事に心の底から幸せを感じるかは、今の人生の影響だけではありません。

その原因となることが、これまで育ってきた環境にまったくなかったのであれば、それはあなたのご先祖をはじめ、今より前の人生からの記憶なのです（と、

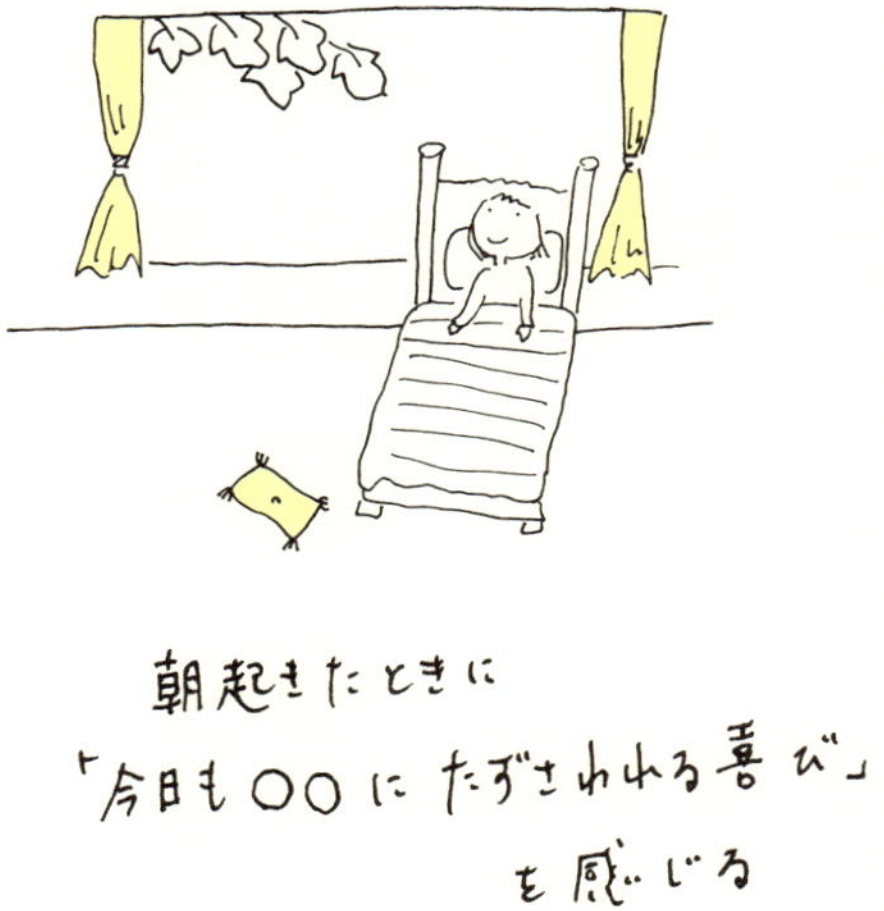
朝起きたときに
「今日も○○にたずされれる喜び」
を感じる

私は思っています)。

そうでなければ、どうしてそれにそんなに喜びを感じるのか、強い信念が生まれて来るのか、たくさんある仕事の中でなぜそれを選んだのか、どうしてそれにたずさわっていると流れるようにうまくいくのかわかりません。

でも、もし以前(前の人生)に経験したことのある仕事(作業)であれば、今回(今の人生)ではじめてするよりも経験があるからうまくいくでしょう。以前の続きとして、魂が覚えているからです。

ですから、魂が本当に喜ぶことをしている人というのは、流れにまかせておくだけでうまくいくことが多いのです。もちろん、途中で紆余《うよ》曲折があっても、最終的には充実感をもって幸せにうまくいっているのです。

逆に言うと、魂が喜んでいないことをしている人は、なかなかうまくいかないことも多くなるでしょう。

もちろん、表面的には「それが好き」と思っているのですが、頭で考えた理由であることも多いのです。たとえば、収入が多い、地位が高い、世間から評価されるからそれが好きと思っている場合、または、「それをすると楽だから」という、ただの現実逃避の手段ということもあります。今の状況から逃げたいだけなので、方法はそれでなくてもいいのです。

もちろん、「環境がそろっていたから自然と好きになった」という理由の場合もあります。本音で自然と好きになったのであれば最高ですが、どんなに環境がそろっていても、あなたの本心がそこに楽しさを感じていなければ意味がありません。

我慢してそれを選んでは、後で自分が苦しく感じるようになるでしょう。まわりから見てそれが苦しそうに見えなくても、そこにいる本人がそう感じているのであれば、その仕事（作業）自体がスムーズにいかないことであなたが苦しく感じます。魂の喜ぶことをしていると、まわりから見て大変そうに感じるようなものすごい努力が自然とできてしまうようになるのです。

魂の生まれ変わりはあるとしても、一応、今与えられている人生は今だけのものです。そのあいだ、あなたの魂が本当に喜ぶことをしてください。

method / 7

思ったこと（夢）は実現する仕組みを理解する

↓その1　夢への途中を楽しむ

あなたがあなたの実現させたい夢についてずっと考え続けるならば、それは必ず実現します。あなたの考えていること（思考）には波動があり、波動はそれと同じ波長のものを引き寄せるからです。そして、あなたがワクワクする夢に向かい始めた途端、宇宙は全力で力を貸してくれます。

夢を思っているのに実現しないまま終わってしまうのは、途中であなたの気が変わったか、気が変わったことで夢に意識を向けるのをやめたか、または間違った思い続け方をしているからです。

間違った思い続け方というのは、あなたが苦しくなるような思い方です。向かっている途中で「いつになったらうまくいくのだろう」とか「達成できなかったらどうしよう」というような、考えながら苦しくなるような思いに心をつかまれてしまっている状態です。これは、夢を実現させるどころか遠ざけている思い方です。夢のことを思いながらも、心のどこかで「どうしてうまくいかないんだろう」という思いを感じ続けていると、「どうしてもうまくいかない」という状況を引き寄せていることになります。

波動の法則は本当にシンプルで、あなたが考えている不安もそのまま引き寄せてくるのです。

不安に思わず楽しく思い続けるために必要なことは、夢への「途中」を楽しむことです。

夢を実現させればたしかに素晴らしい世界がありますが、その途中で起こる出来事、人との出会いや経験も、夢そのもの以上に盛りだくさんの過程です。あとから振り返ったときに、あなたの夢実現のストーリーの一部になるのです。

まずは、今、あなたに夢があること自体に感謝してください。

考えてみると、夢がないときに比べて格段に生活にハリが出たはずです。夢ができたおかげで今日も向かうなにかがあり、いま進んでいる自分がいるわけですから、夢を与えてもらったというのは、それだけですごく幸せなことのはずです。そこを意識すると、まず、今のあなたが楽しい波動に変わります。


次に、夢が実現したところを想像してください。

実現した瞬間の状況を、できる限り詳しく思い描いてください。どんな様子で実現するか、まわりの人がどんなふうに喜んでくれるか、生活や気持ちがどのように変わるか……このときになにより効果的なのは、実現したときのあなたの「気持ち」を想像することです。最高に幸せな感情をイメージし、その気持ちを先取りして、今味わってください。

うれしい気持ちを深く味わっていると、あなたの脳は勝手に錯覚を起こします。あなたの波動が「実現してうれしい、幸せ」となるので、それに見合った状態を現実の世界に引き寄せてくるようになります。先に気持ちが盛り上がる波動があり、現実の現象は後からやってくるのです。

スポーツ選手などは、この方法をトレーニングのひとつとして徹底的に行っています。能力や技術はほとんど差のないレベルまでいくと、あとは本人にどのくらい勝利のイメージができているかが決め手になる、という報告は限りなくあるのです。

次に、夢がすでに実現したつもり、「フリ」をして暮らしてください。

心を「実現したつもり」にさせるのです。すると、夢実現に必要な情報が集まってきます。中心にいるあなたが「実現した波動」になっているので、現実の世界でそれに足りないところがやってくるのです。

たとえば、今のあなたに必要なことを勉強するための本や資料や情報が集まって来たり、あなたが心から尊敬できる人に出会ったりします。その人の言動を実際に真似したり、影響を受けることで夢の実現に近づくようなことが起こる場合もあります。

どんなことが起こるか、それがきっかけでどのようにして先が展開していくか、そのドラマを十分に味わってください。

その途中を楽しもうと思えない人は、夢が実現したときも、その状況を楽しめないでしょう(楽しめてもその気持ちが長続きしないでしょう)。

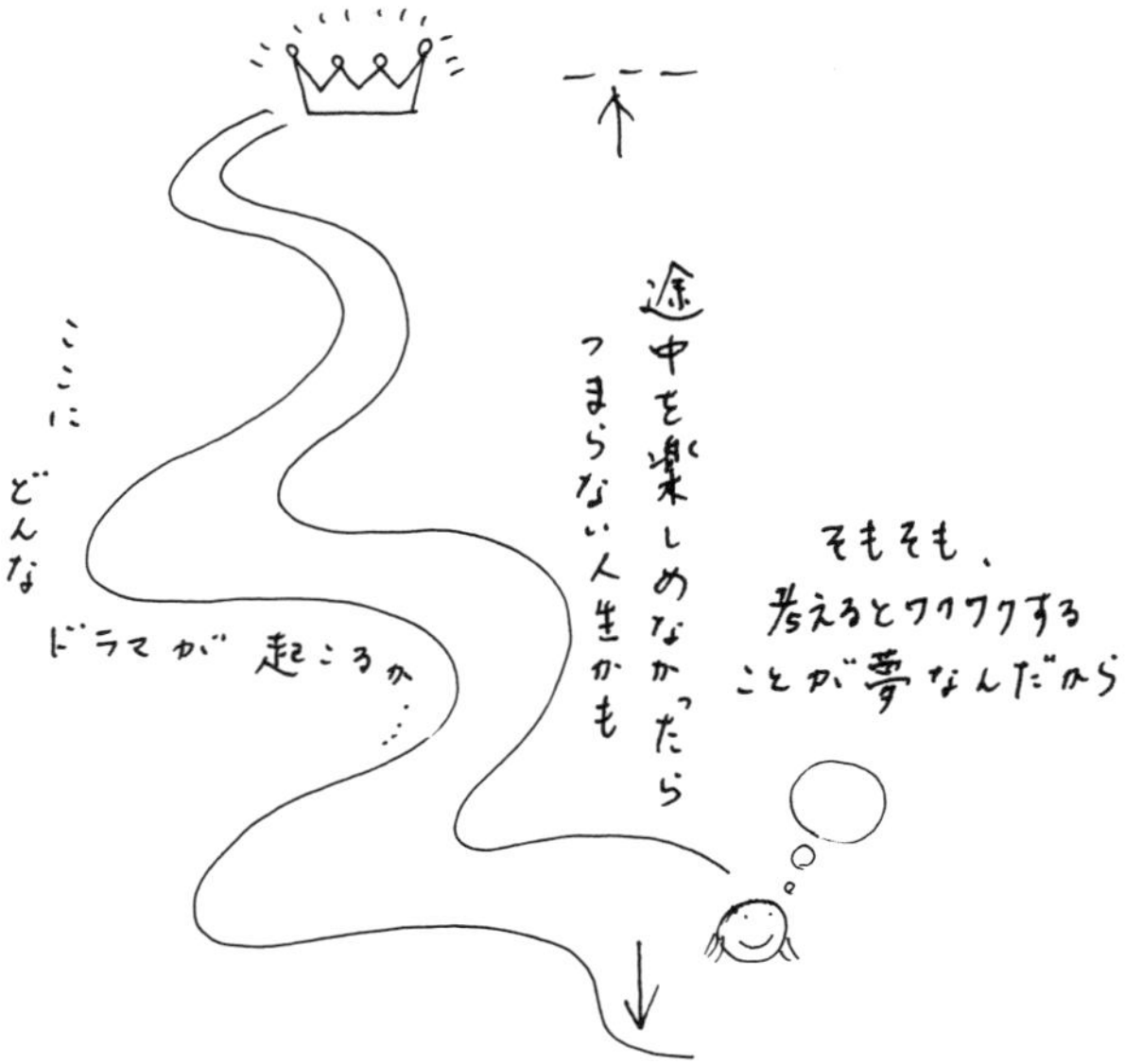
途中を楽しめなかったら
つまらない人生かも
ここにどんなドラマが起こるか……
そもそも、
考えるとワクワクする
ことが夢なんだから

method / 8

思ったこと(夢)は実現する仕組みを理解する

↓その2　夢に必要な変化を恐れない

夢に向かっている途中に起こる「変化」を恐れないでください。
それは、あなたの夢を実現させるために必要なことなのです。

夢の実現にあなたの意識が向かい始めると、あなたが今まで思ってもいなかったようなことが起こったりします。
たとえば、あなたの苦手なことや今まで避けてきたことをさせられることになったり、自分の弱いところやコンプレックスを見せられるようなことが起こったりします。人間関係をはじめ、環境がガラリと変わることもあります。必ずしも、気楽で楽しいものばかりではないかもしれません。でもそれは、あなたの夢の実現に必要なことだから起こり始めたのです。

夢が実現するというのは、それが実現する環境や条件が整っているということです。ですから、あなたが夢のことをイメージし始めると、今のあなたに足りない必要なこと、勉強しなくてはいけないことが集まり、逆にその夢にふさわしくない考え方や行いを見直させられるようなことが起こるのです。

たとえば私の友人は、ある大きな夢を実現するために、その夢のことをイメージし始めました。するとしばらくして、新しい人と知り合う場や、たくさんの人がかかわるプロジェクトに突然引っ張り出されるようになりました。

ところがこの人は、人とのコミュニケーションがあまり得意ではなく、大人数の中だとプレッシャーを感じる人でした。人と交わることが得意ではないというコンプレックス（軽い苦手意識）があったのです。

それまでのその人は、必要最低限の人としか付き合わないで済む生活であったため、突然どうしてこのような環境に引っ張り出されてしまうのか、その変化が嫌で仕方ありませんでした。

ところが、「これも夢を思い始めてから起こった変化だから、僕の夢の実現にとって必要なことかもしれない」と思い、その変化を怖がることをやめて流れにまかせたのです。嫌がるのをやめて、そのまま受け入れました。

すると、コミュニケーションが下手だと思っていたのは自分の思い過ごしだったことがわかりました。しかも、本当の自分は仲間や集団の中でたくさんの人からのサポートを必要としていたということがわかったのです。それから数年後に、この人は仲間のサポートや人との出会いの縁のなかで、自分の夢を実現しました。

この人の夢は、自分ひとりでは実現できなかったことであり、夢をイメージしたことで、その夢に足りなかったものを引き寄せたのです。

変化は、あなたがその夢にふさわしくなるようにやってきてくれるもので、これこそ、夢の実現への一歩なのです。

夢の実現に必要な変化は、自分の間違った態度を改めさせることであったり、家族との仲を円満にさせることであったり、身の回りを清めて清潔に暮らすことであったり、学問的な知識を勉強することであったり、人によって違います。

このような変化は、たいていの場合、自分から起こそうとしなくても勝手に向こうのほうから起こります。と言っても、それは理由なく起こることではなく、「その夢に向かっている」という波動を出しているあなたが引き寄せたものです。

ですから、そのような変化が起こったときには、流れに身をまかせてみてください。

「思うだけで実現する」というのは、思っているだけでなにも行動を起こさないことではありません。でも、無理にあせってなんとか近づこうと自分からアクションを起こすことではなく、自然にやってくる変化を「これも夢につながる一歩」ととらえ、流れにまかせて取り入れることなのです。

変化は、あなたを外側から変えてくれる宇宙からの情報です。その状況を通して、あなたが自然に変わっていけるように用意されたものです。

この変化を自分の内側から起こそうとしたら、大変な努力が必要です。

誰でも長年の言動の癖や思い込みがあるので、自分を改善するのには時間がかかるし、夢になにが足りないのかも自分ではなかなか気付かないからです。変化は、それを変えさせてくれるありがたい出来事なのです。中心に「夢が実現した」という波動状態のあなたがいる限り（その波動を出している限り）そこに集まってくるものはみんな、あなたの夢を助けるために必要なものなのです。

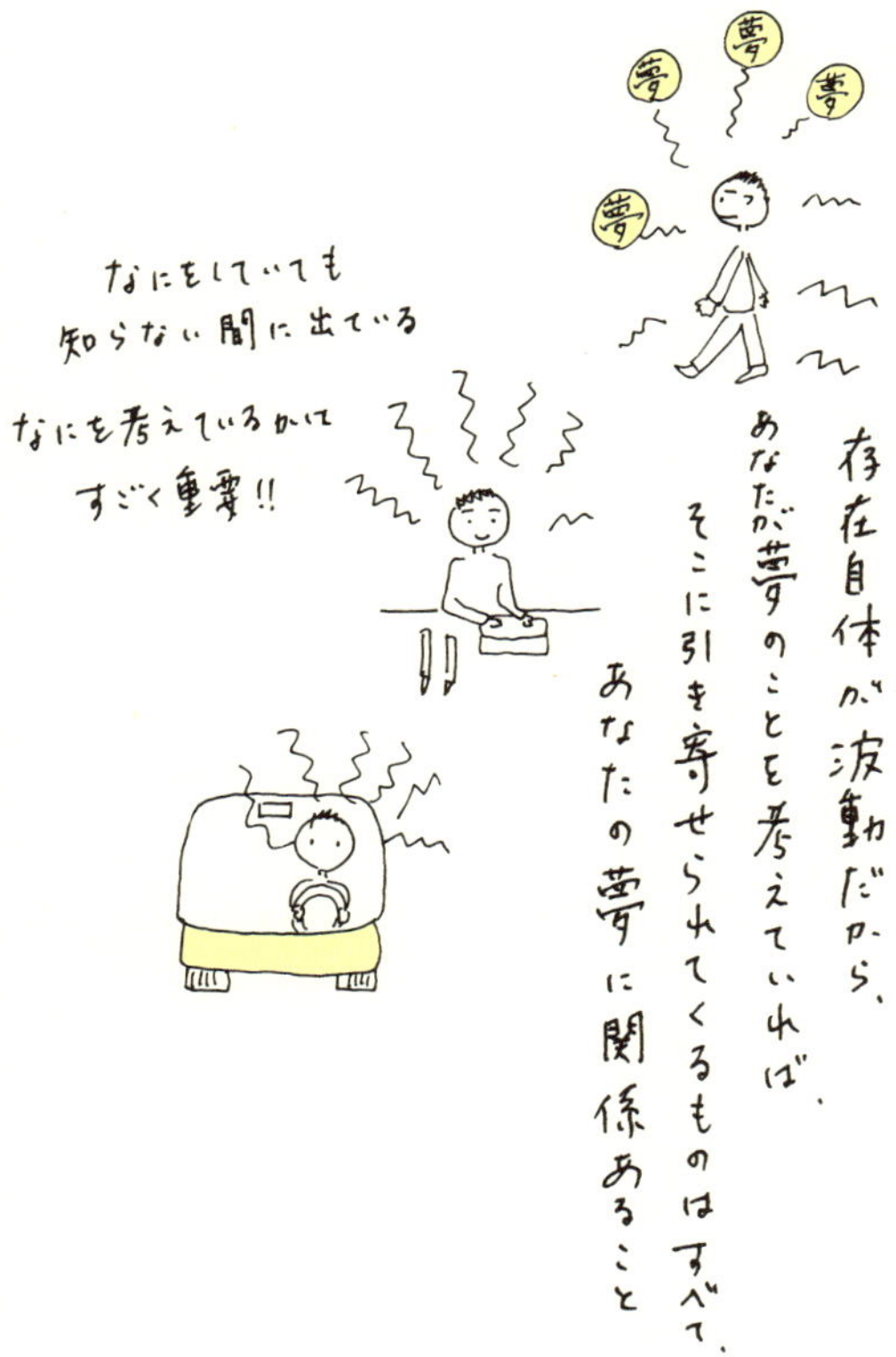
存在自体が波動だから、
あなたが夢のことを考えていれば、
そこに引き寄せられてくるものはすべて、
あなたの夢に関係あること
なにをしていても
知らない間に出ている
なにを考えているかは
すごく重要!!
夢

途中でなにが起こっても、それがきっかけでどんなつながりをしていくのか、その途中を考えてワクワクしてください。

どんな変化が起こるかも楽しんでください。もしかしたら、それを越えたひとつ向こうに、あなたの夢が近づいているかもしれません。

method / 9

思ったこと（夢）は実現する仕組みを理解する

↓その3　執着しないで思い描く

いくら夢をイメージしても、「執着」になる思い続け方をしていると現実になりにくくなります。

夢を一度強く思ったあとは、それだけに執着しないで手放してください。忘れてしまうほど安心して手放せたとき、夢は実現します。

あなたが、その夢を実現できる人間性や環境になったときには、その夢は放っておいても自然と実現します。「なにがなんでもこうなりたい」という強い意志は、あまり必要ありません。

人間には誰でも、この世に生まれてきた意味（＝使命）があります。あなたの使命があなたの夢とかみ合っていれば、どんな大きな夢でも必ず実現します。かみ合っていることであれば、今のあなたから見てどんなに大きく感じられる夢でも、宇宙が応援してくれるからです。

逆に言うと、あなたがその夢を思いついたということは、それが実現できるから思いついたのです。それを実現する流れではない人が、それを思いつくはずがないのです。その証拠に、隣の人がどんなに望んでいることでも、それが一般的な常識から見てどんなにうらやましいようなことであっても、あなたも同じように「そうなりたい」とは思わないことがたくさんあります。

ですから、安心して大丈夫です。「絶対に、なにがなんでもそうなりたい」と思わなくても、あなたが今思いついていることであれば、その思いがなくならない限り、時期がくれば必ず実現します。

むしろ、「絶対になにがなんでもそうなりたい」という思い方をしていると、実現が難しくなります。その気持ちが強くなると、「これがかなわなければ幸せになれない」という思いになり、執着になってしまうからです。

その夢は、あなたの幸せの「絶対条件」ではありません。あくまで「たくさんある幸せのひとつ」です。

その夢だけが幸せへの条件だとすると、それが実現していない「今」は苦しいということになってしまい、「今」を否定することになります。

すると、あなたの意識が「今がつらい」という波動になるので、ますますつらい状態を引き寄せ続け、「苦しい今」の状態から抜け出すことが難しくなるのです（「今がつらい」という思いが根底にあっても、「だから夢を明るく考える」という明るい波動で思い描いているのであれば大丈夫です）。

また、執着し始めると、人間は知らないあいだに心配を始めます。

「それが実現しなくては幸せになれない↓実現しなかったらどうしよう」と思うからです。不安や恐れは、知らないうちに思いが強くなるので、実現がますます遠ざかります。

どうでもいいことはすぐに実現するのに、絶対にかなえたいことは実現しない、ということがよくありますが、それは、「絶対にかなえたい」と思っているあまり、知らないあいだに心配をしているからです。

夢を次々に実現させていく人は、たしかに夢を強く思い描いている部分はありますが、「こうでなくては幸せになれない」という思い方ではなく、「必ずそうなるだろう」という「信念」のような思い方です。そうなることを当たり前として思考が進んでいるのです。

そして、その夢だけにこだわっていません。「それも幸せのひとつ」というゆるい考え方をしています。もしそれが今実現しなくても、別の方法があるかもしれない、むしろ、そっちのほうが自分にとっては良いルートになるだろう、と思っているので、目の前の小さな結果に一喜一憂しないのです。

また、その夢だけに幸せにしてもらおうとは思っていないので、他にも幸せを感じることがたくさんあり、日々他のことにも目が向いているので、夢がひとつだけではなく同時進行していることもあります。そのため、「これだけが絶対!!」と思い込まないで、過程や結果を流れにまかせることができるのです。

流れにまかせると執着のない状態になるので、時期さえ来れば、実現しやすくなります。本人にしてみると「気付いてみたら理想の状態になっていた。はじめに思い描いていたことは全部かなっている」と感じるのです。

これをまわりから見ると、考えていることを全部実現できていて恵まれているように見えますが、その人がひとつのことに執着せず、流れにまかせながら思い描いているからうまくいくのです。

夢の実現を一度楽しくイメージしたら、あとは宇宙の流れにまかせてください。「自分にとって必要なことであれば、時期が来れば必ず実現するだろう」と思ってください。そして、目の前にやって来る変化を純粋に楽しんでください。

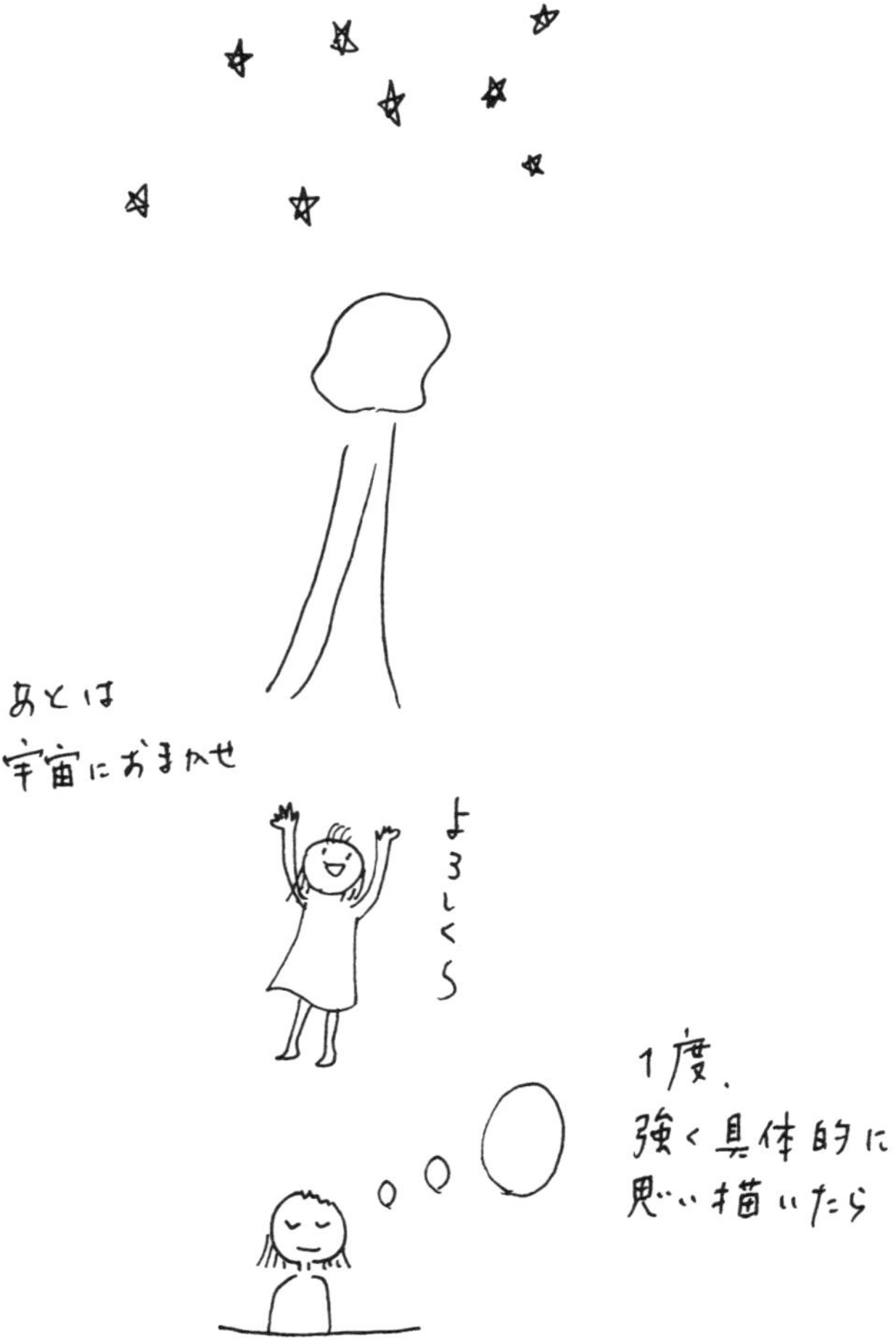
あとは
宇宙におまかせ
よろしく
1度、
強く具体的に
思い描いたら

method / 10

ふと思いついたことをやってみる

↓思いついたときがチャンス

宇宙は、いろいろな現象を通して私たちに日々情報を与えています。
あなたがなにげなく「ふと思いつくこと」もそのひとつです。
それを思いついたとき、無理のない範囲ですぐに実行してみてください。

これは「ひらめき」というほど大げさなものではありません。
世界に貢献するような大きな発明をした学者も、きっかけは「ふとしたこと」が多いと聞きます。その分野の専門知識のない私たちから見ると「天才肌のひらめき」のように聞こえますが、本人の感覚としては「これまでの流れの中でふと思いついたことをためしにやってみた」というとても普通の、誰にでもある感覚なのです。

分かれ道は、それを実際にやってみるかどうかです。

ためしに小さなことで実験してください。

ふと思いついた人に電話してみたら、あなたにとって「今電話してよかった」という思いをすることがあります。ふと目にとまって気になった物を買っておいたら、すぐにそれが役立ったということがあります。

ふと興味を持ったことをためしに調べてみると、自分と意外なつながりがあることがわかったり、それがきっかけで新しい世界が広がったりします。


そして、「ふと思いついたこと」をやってみて、それが思いがけないタイミングや縁につながったら、そのありがたみを十分に感じてください。

「あのとき思いついたことは偶然ではなかったんだな、なにかの知らせだったんだな」と、はじめは特に大きく味わってください。

宇宙からの情報は、それに気付いて意識すると、ますますやって来るようになります。

ふと思いつくことというのは、その思いついた「とき」がそれをするタイミングです。ということは、時間がたてばタイミングを逃すのです。

後から「あのときそう思ったのに〇〇しておけばよかった」という経験をしたことはありませんか？　たとえば自宅を出るときに「〇〇を持っていったほうがいい気がする」とふと思ったけれど、そのまま出かけたら、その日に限ってそれが必要な出来事が起こった、というようなことです。後から「あのときそう思ったのよね」と思ってももう遅いのです。これは日常の小さなことですが、すべて、そのときに思いつくことは、意味があることがわかります。

ふと思いつくことは、そのとき目の前にあることとは関係がないので、どうしてそれを思いついたのか理由がわかりません。だから行動に移しにくいのです。でも宇宙の側から見ると、「今やっておくといい」という、あなたにとっての良いタイミングだからこそ知らせてくれているのです。

私たちは、ふと思いつくことを通して、未来に起こることの予知ができているのです。誰にでも未来を予知する能力は備わっているのです。

10 ふと思いついたことをやってみる
→思いついたときがチャンス

流れの良い人は、ふと思ったことを行動に移すのがとても早いのです。

その中のどれかひとつから面白い展開やタイミングのいいことが起こり、それを繰り返しているので、どんどん流れが良くなるのです。

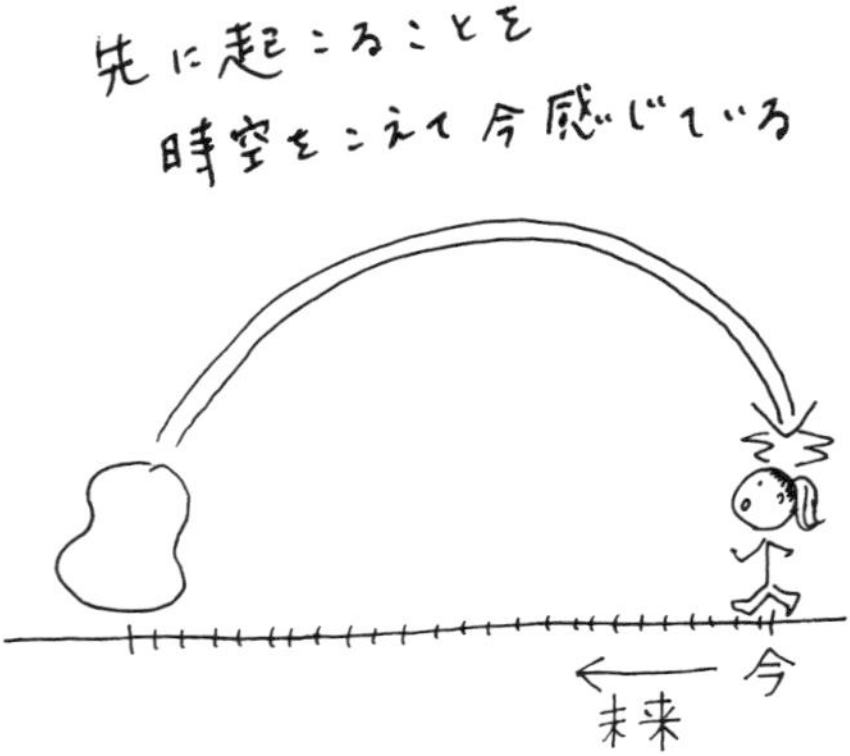
先に起こることを
時空をこえて今感じている
今
未来

実行に移せるかどうかは日ごろの慣れなので、軽い気持ちでやってみてください。もしやってみて、たとえなにも起こらなくてもいいじゃないですか？　大げさに考えるから面倒になったり、結果を気にしたりするのです。気楽にやってみればいいことです。

日常生活の小さなことでためしにやってみる癖をつけておくと、少し大きなことも行動に移せるようになります。そして、それがきっかけであなたにとって本当にタイミングの良いことにつながると、はじめの「ふと思ったこと」が偶然ではなく、実は全部つながっていることを感じます。

宇宙がどんどん情報を教えてくれていることを感じて、ワクワクできるようになるのです。すべてはつながっているのです。

method / 11

自然のパワーを取り入れる

↓大自然は宇宙への入り口

定期的に「自然」のパワーを取り入れるようにすると、宇宙からの情報を受け取りやすくなります。自然は宇宙の縮小版なので、自然の中にいると、宇宙の波長と合いやすくなるのです。

自然のパワーを取り入れると言っても、なにか特別なことをするのではありません。自然の素晴らしさを意識して「感じる」だけでいいのです。

私は、次に書く本のタイトルや表紙のアイデアが、寝ているときの夢に出てくることがたまにあるのですが、自然を満喫した「いい状態」になっていると、その夢を見やすくなります。

木や草花や空の色、太陽や月の光などを意識して、それをゆっくりと感じてみてください。

晴れた朝、近くの公園や神社（氏神様）、木がたくさんあるところをひとりで散歩してみてください。太陽の光を感じながら、のんびり歩いてみてください。

ひとりで静かになれるところであれば、どこでもいいのです。

まわりに人のいない静かなところに座り、頭上の木の緑、紅葉した葉っぱ、春のにおいのする草花などを、ただ感じてみてください。

目をつぶり、体中の空気が入れ替わるところをイメージしながら思い切り深呼吸してください。自然のにおいがしますよね。それだけですがすがしくなって、体中の古いものが入れ替わったような気になります。

少なくとも、間違いなく気分が良くなります。

気分が良くなるというのは、決してその場限りの気休めではなく、「気が良くなる」わけですから、見えないレベルで確実にあなたのなにかが浄化されているのです。誰でも、たまに大自然の中に行きたくなることがあるのは人間の本能で、体や心が無意識にそこを求めている、自然に浄化作用があることを体も心も知っているからなのです。

しばらくその状態でボーッとしていると、ふとなにかを思いつくこともあるでしょう。あなたが考えていたことの答えが出る場合もあります。

気持ち良さそうに散歩をしている人を見たり、犬と遊んでいたり、掃除をしている姿を見て、優しい気持ちになることもあるでしょう。それらのものが、あなたに今、必要な答えを表していることもよくあります。

自分の考えていることがちっぽけなどうでもいいことに感じたり、「自分がどんな状態のときも、今日も明日も太陽の光は変わらずに照っている」というようなことを感じたり、あなたなりの「なにか素晴らしい気持ち」になると思います。

この「なにか素晴らしい気持ち」になるだけで、十分にあなたは癒やされています。

宇宙とつながっている人たちは、定期的に自然と交流する方法を自分なりに持っています。一日一回は自然の中を歩く、という人もいます。

特別な場所に出かけなくても、窓から庭の木を眺めてもいいし、朝日を浴びながら空を感じることはどこでもできます。月の光でもいいのです。あなたが「気持ちいいなあ」と感じる方法でよく、それで十分に自然のパワーは入ってくるのです。

すると、自然に対して畏敬《いけい》の念を持つようになります。

どんなに人間が進化しても、自然の前では人間の力は微々たるものです。天変地異に勝つことはできないし、自然のつくり出すもの（いのち）は、人間がゼロからつくることはできません。

特別なことをしなくても「いるだけで癒やされる」というのはすごいことだと思いませんか？ 木や森、草花などにパワーがある証拠です。

神社には必ず「鎮守《ちんじゅ》の森」があるし、スピリチュアルな方法で宇宙とつながろうとするときには、必ずその土地に畏敬の念を払ったり、大地や大気にあるエネルギーを敬い、採り入れようとする行いがあります。

森や木には妖精や精霊などの神聖なものがいる、とも言われます。これらのものが実際に存在するかどうかという議論の前に、大事なことは、自然が私たちに与えてくれているものは明らかにマイナスではない、ということです。

自然は、誰に対しても、いつでもその力を惜しみなく与えてくれているのです。そんなすごいパワーのあるものが、あなたの近くにいつもあるのです。

自然の素晴らしさをしみじみ感じるようになると感性が強まり、あなたという受信機が宇宙の波長とつながって、ひらめきや情報がどんどんやってくるようになります。

11 自然のパワーを取り入れる
→大自然は宇宙への入り口

method / 12

家族を大切にする

↓身近な縁を大切にすると次の縁がやってくる

家族の仲を円満にしてください。
一番近くにある「人の縁」は家族です。

新しい出来事や運は「人」が運んでくることが多いので、人との縁を大事にするのは、夢を実現するときにとても重要なことです。

ですが、それは新しい縁を必死に探したり、自分に必要な新しく出会った人だけを大事にするということではありません。今ある目の前の縁を大事にすることです。目の前にある縁を大事にしていれば、その波動がさらに素晴らしい人との出会いを引き寄せてきます。

そういう意味で、あなたの一番近くにある「縁」は家族です。

人間関係がうまくいかない人、新しい出会いがないと思う人、必要な人材と出会いたいという人は、まず、家族（特に両親）を大事にしてみてください。

大事にするといっても、突然優しい言葉をかけたり、親孝行をしたり、家族と一家団欒《だんらん》しなくてはいけないというわけではないのです（もちろんそれができるのであれば一番効果的ですが……）。

それが難しい場合は心の中で意識してみてください。あなたが意識するだけで、その波動は相手に届きます。

たとえば両親の場合、すぐに感謝する気持ちにならなくても

・今ごろどうしているかな、と思ってみる
・あのときは楽しかったな、と思い出してみる
・なんの見返りもなく思ってくれるのは親だな、と（少しでも）感じてみる
・「いつもありがとう」とためしに心で言ってみる

12 家族を大切にする
→身近な縁を大切にすると次の縁がやってくる

人の意識は目に見えませんが、思った瞬間に時間も空間も飛び越えて相手に伝わるので、これだけでなにかが変わります。

両親との関係が目に見えて良くなることもあれば、それとはまったく関係ない別のところ（仕事やプライベート）で、うれしいことが起こる場合もあります。

これらは偶然ではなく全部あなたが引き寄せたのです。

まわりに起こることはすべてつながっているからです。


もし、ひどい親だと思えるような場合でも、親からなにかをしてもらったことは一度もない、と感じるような状況であっても、とりあえず、その人たちがいなかったら今のあなたは生まれませんでした。あなたのこれまでの人生で起こった楽しかったこと、うれしかったこと、笑ったこと（ひとつもないという人はいないはずです）、それらを体験することができたのは、肉体があって生まれてきたからです。

いろいろな経験ができるのは、すべて、親が生んでくれたからです。

今日、あなたがなにげないことで大笑いできるのも、ちょっとしたうれしいことを感じられるのも（本当は、寂しさ、悲しさなど、すべての感情を感じることができるのも）、生まれてきたからこそです。

両親からなんの恩恵も受けていない人はひとりもいません。

そこに感謝をするようになると、流れは確実によくなります。

思うだけでいいのであれば
ためしてみる価値あり

method / 13

不快なものに意識を向けない

↓その1　他人のストレスを受け取らない

まわりの人が感じているストレスは、あなたのものではないので、それに影響を受ける必要はありません。はっきりと意識からシャットアウトしてください。

あなたがせっかくプラスのことに意識を集中させていても、まわりが不安や不満の感情でいっぱいの中にいると、知らないあいだにあなたの意識にもそれが入ってきます。たとえば、他人との比較や競争、出し抜きなどのエネルギーで満ちている職場にいると、そこに毎日通っているあなたも自然とその考え方や意識に染まっていくようなものです。

他人の不平やストレスなどを長い時間聞いていると、あなたの気持ちまで重くなったような気がすることはありませんか？

それは気のせいではなく、本当に相手のマイナスの意識を背負っているからなのです。まるで自分のストレスのように感じているのです。

本当に大切な人のためや、相手に本気で相談されたときなどは別ですが、日常的にある他人のストレスを、自分のものとして受け取らないようにしてください。

他人の不満や悪口にも同調しないでください。

あなたまで染まってしまうような不満のエネルギーを持っている人には、できるだけ近づかないでください。接することはあっても、そこで受けたストレスを後まで引きずって深く考えないでください。

本当は、今のその人をそのまま受け入れてあげたり、あなたと接していることで相手が癒やされれば、相手からマイナスのものを受け取ることもなくなりますが、はじめの段階ですべての人にそれをしているわけにはいきません。

あなたの意識を、夢や幸せを感じるものに集中させるために、余計なものにまどわされないでください。

もし、影響を受けてしまったと思ったら、「私には関係ない」とはっきり思ってください。邪霊など、目に見えない種類の良くないとされるものも、弱々しい人や意識がしっかり定まっていない人に取り付きやすい、とされています。あなたの意識を強くプラスのほうへ向けてください。

変えることのできない環境だとしても、あなたが「影響を受けない」という意識を強く持てば影響されないようになります（逆に言うと、このような環境にいる人は、自分の意識をコントロールする絶好の練習場所が日々与えられていることになります）。

たとえ他の人の経験や思いでも、それを背負ったまま（そのことをズルズルと考えたまま）あなたが別のことに向かうと、その物事にも影響が出てきます。

「これは私のストレスではない」としっかり切り替えて、あなたの楽しいことに向かってください。

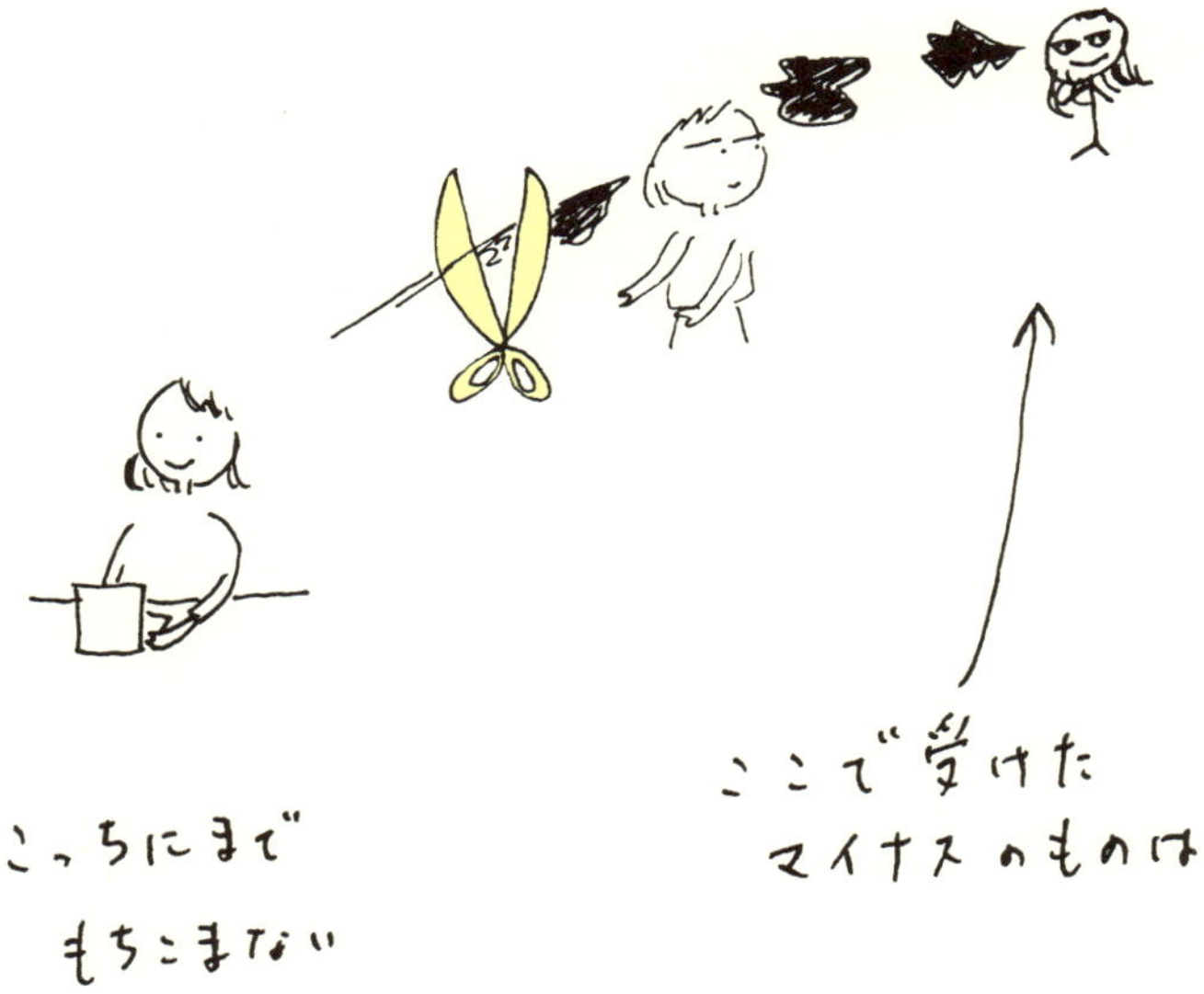

13 不快なものに意識を向けない
→その1　他人のストレスを受け取らない

method / 14

不快なものに意識を向けない

↓その2　勝手に入ってくるマイナスの情報は入れない

あなたの意識にマイナスのものをできるだけ入れないようにしてください。

マイナスのものの基準はただひとつ、あなたが「不快」と感じるものです。

心が苦しくなること、嫌な気持ちになること、暗くなることや沈むことが、あなたにとってマイナスの影響を与えるものです。

現代はいろいろな情報があふれているので、テレビやネットを通して、マイナスの情報は放っておいても勝手に意識に入ってきます。

もちろんこれらは利点もあるのですべてをシャットアウトする必要はありませんが、不快を感じるものに意識を集中し過ぎたり、考え続けてとらわれないことです。

たとえば、悲惨な事件やニュース、心が痛くなる出来事というのは日本にも世界にもあふれています。それを「ひとごと」と思って無視するということではなく、ただ意味もなくかわいそうがったり、いつまでも哀れんだりするのはしないほうがいい、ということです。

それを見聞きして深く感じ入ったことで、その人たちの助けになる行動を具体的に起こしたり、実際にあなたにできることを考えて動くならばともかく、ただ「かわいそう、かわいそう」という気持ちを引きずるだけでは、その人たちにとってもあなたにとってもマイナスのイメージが強まるだけなのです。

その根底には、「自分がこうなったら嫌だな」という思いがあり、結局「自分はこうなりたくない」という思いをつのらせているだけになります。

この思いは相手に対してもなんのプラスにもなりません。もし本当にその人たちへよい影響を与えたいと思ったら、そのような事件のない平和な国や世界のことをどんどん想像することです。

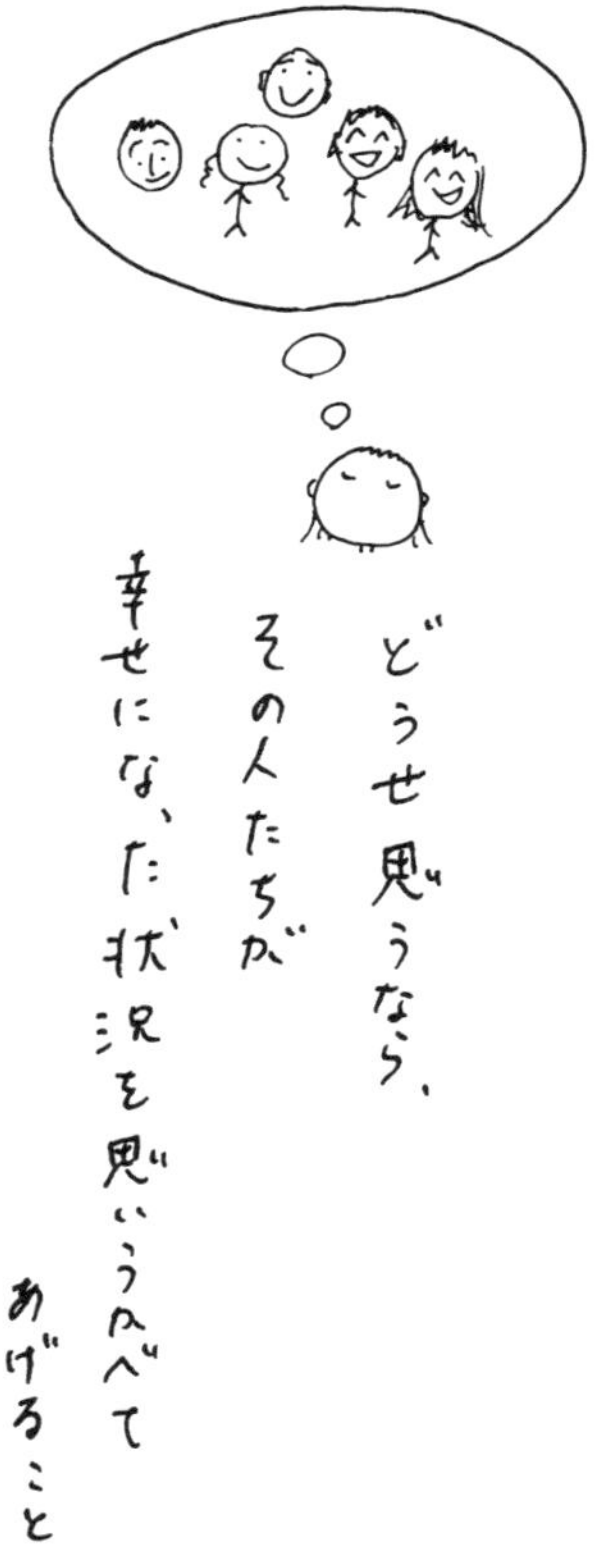
どうせ思うなら、
その人たちが
幸せになった状況を思いうかべて
あげること

小さい時期に悲惨な映像を見たり経験したりするとトラウマになるとされますが、それは大人でも同じです。強くあなたの意識にインプットされるのです。せっかく、あなたが明るい「快」のほうへ意識を集中させて、それと同じ波動のことを引き寄せ始めていても、意識がさえぎられると途端に中断されてしまいます。

もし、「不快」になることを考えたり見たり聞いたりしたのであれば、すぐに心を切り替えてください。必要以上に心配してしまったり、嫌なイメージに心がグッと持って行かれたら、「ここまで！　もうやめよう」と言い聞かせてくださ い。

あなたの意識を、あなたが一番引き寄せたいものに集中させてください。実現したら、あなたも含めてみんながうれしくなること、幸せになること、それだけに意識を集中させるようになると、あなたのまわりにはそれと似たような人が集まってきます。

つまり、あなたが幸せなことに意識を集中すると、最終的にはまわりの人たちも幸せな環境になるのです。

method / 15

不快なものに意識を向けない

↓その3　わざわざ不安になることは考えない

不安になって楽しくなる人はいません。
あなたが楽しくなくなることを、わざわざ考えなくていいのです。

あなたが明確にイメージしていることほど、それは現実になります。
意識には「良い、悪い」の判断がないので、あなたが不安なことや心配なことをイメージすればするほど、それが現実になるのです。

「心配する」ということは、一見その問題を解決するために考えていると思っていますが、実は不安な気持ちが増えただけでちっとも解決策になっていない、ということがよくあります。それでも「解決するために考えている」と思い込んでいるのです。

たとえば、子供が「勉強しなくて困っている」と心配するとき、本来は、どうすればその子が勉強するようになるのかという方法を考えるべきなのに、「このまま勉強しないで成績が下がったらどうしよう」とか「そうなると次はこうなって、ああなって、この子の将来は……」というマイナスの想像だけをして終わっていることがあります。そのイメージが具体的になってしまえば、その波動にふさわしい状況が実際に起こります。ですが、まさか自分のイメージが現実に影響しているとは思わないのです。

ゴルフをしているときに「あそこの池に入ったらどうしよう」と思うと、まるで吸い込まれるように入ってしまうということを、ゴルフプレーヤーであれば誰でも経験していると思います。逆に「そこに池があったなんてまったく気付かなかった」というときは入りにくいのです。

水がたっぷりと入ったコップを小さな子供に運ばせるとき、ただ単純に「あそこに運んでね」と言うとこぼさずに運べるのに、「こぼすと大変だからこぼさないでね」と、「こぼす」に意識を向けた言い方をすると失敗する子供が増える、という実験があります。

けがをしたとき、「痛くて思うように動けない」とちょっと思っただけで気持ちは憂鬱になります。「(ただのけがなのに)このまま治らなかったらどうしよう」と思えば、自然と活発な気持ちはなくなるので運動不足になり、全体の血のめぐりが悪くなり、それが進めば体の他の部分まで調子が悪くなるでしょう。

ひとつの部分を心配して憂鬱になったことで、その波動に見合うこと(＝他の部分の不調)を引き寄せたのです。

あなたが「こうなりたくない」と思うことからは、意識をそらしてください。

あなたが考えて不快になること(起きていないことへの不安、解決策のない心配事)は考えなくていいのです。

考えないというのは、その問題を放棄することとは違います。引き寄せるのをやめること、つまり、考えないことが結果的には一番の解決策なのです。

未来のことは、まだ起きていないことです。起きてもいないのにそれをイメージしていたら、その気持ちを味わっているわけですから、今起きているのと同じです。

考えて気持ちがグーッとマイナスになり始めたら、「あ、考えなくていいんだった」とすぐに切り替えて、その分、あなたが考えるとワクワクする楽しいことに意識を集中させてください。

あなたの意識はあなたがコントロールできるものです。

?
自分の意識が
どこに向かっているか
いつも確認!
コントロールする

過去の思いを解放する

↓ 消化しきれていない思い、執着を手放す

method／16

あなたには、いまだに引きずっている過去の思いはありませんか？

過去に経験した嫌な出来事を思い出したときに、今でもそのときの悔しさや悲しさ、怒りなどが当時のままによみがえって来るようなことがあるのであれば、一度その感情としっかり向き合って、たまっているものを解放しておく必要があります。

怒りや悲しみの感情にふたをしておくと、時間がたって忘れたつもりになっていても、いつか必ず噴出してきます。大きなトラブルや壁にぶつかるたびに思い出すでしょう。

逆に言えば、その感情を解消できていなかったからこそ、また似たようなトラ

ブルが起きるのです。過去の思いにとらわれていると、それが知らない間にあなたの心の壁となって残ります。その執着やトラウマが解放されない限り、それが原因でまた同じようなことが起こるのです。

起こる内容はまったく違うものであっても、そこから「またあのときと同じだ」と感じるでしょう。

そのときにふたをした感情が原因で（トラウマになっていて）、今のあなたが自信をなくすことにつながっていたり、その分野になるとうまくいかないということになっている場合もあります。

過去のことはもう終わったことです。今思い出して憂鬱になったり、現在のあなたが影響を受ける必要はまったくありません。

思い出して嫌な気持ちになるだけで心はマイナスの波動になり、その波動が似たような出来事を引き寄せ始めます。過去のことは、もう今のあなたにはなんの関係もないので、安心してください。

そして、もしこれから先に再びそのような感情になることが起こったら、一度自分の気持ちとじっくり向き合ってください。

その出来事から感じる悔しさ、怒り、寂しさ、悲しさなどを、一度とことん感じてください。その事件からあなたがなにを感じているか、なにがつらいのか、どうなったらあなたの気がおさまるのか、正直に探ってみてください。

思いつくまま書き出してみるのもひとつの方法です。

すると自分の中に、恐怖心や競争心、復讐《ふくしゅう》心、嫉妬など、たくさんの嫌な感情があることに気付くと思います。思ってもいなかった醜くて嫌な考えが自分の中にあることがわかって驚くかもしれません。

でも、それでいいのです。

誰でも、傷つけられたときやすごくつらいことがあったときには、いつもの自分では考えもしないような種類の醜いことを考えたり、つらさのあまり、ものすごくネガティブな思考になりがちです。

ですが、人間である以上、誰でも醜い部分を持っていて当然です。なにかの拍子に、普段は隠れている裏の部分が出てきただけです。これは、日ごろどんなに素晴らしいとされている人でも、流れに乗って幸せに暮らしている人でも同じです。なにかのきっかけや条件がそろうと、その人の中に普段からほんの少しあるマイナスの割合が急に大きくなるのです。

ですから、そう感じてしまっている自分を否定しないでください。

ネガティブな感情も含めて、そう感じている今のあなたをそのまま認めてあげると、そこでその気持ちは解消されます。その気持ちを解消すれば、それに執着することもなくなります。

プラス思考が叫ばれている現代は、「マイナスの気持ちは考えないほうがいい」として、自分の感情を抑えてしまうことも少なくありません。

私自身の本でも書いている「不安なことは考えないほうがいい」というのは、「起きてもいない未来のことを先回りして不安になるのはやめたほうがいい」という意味で、自分の感情にふたをして無理に明るく考えることではありません。

ある出来事からわき出してきた強い感情は、そのたびにしっかりと向き合って味わわなければ、後から必ず足を引っ張られることになります。

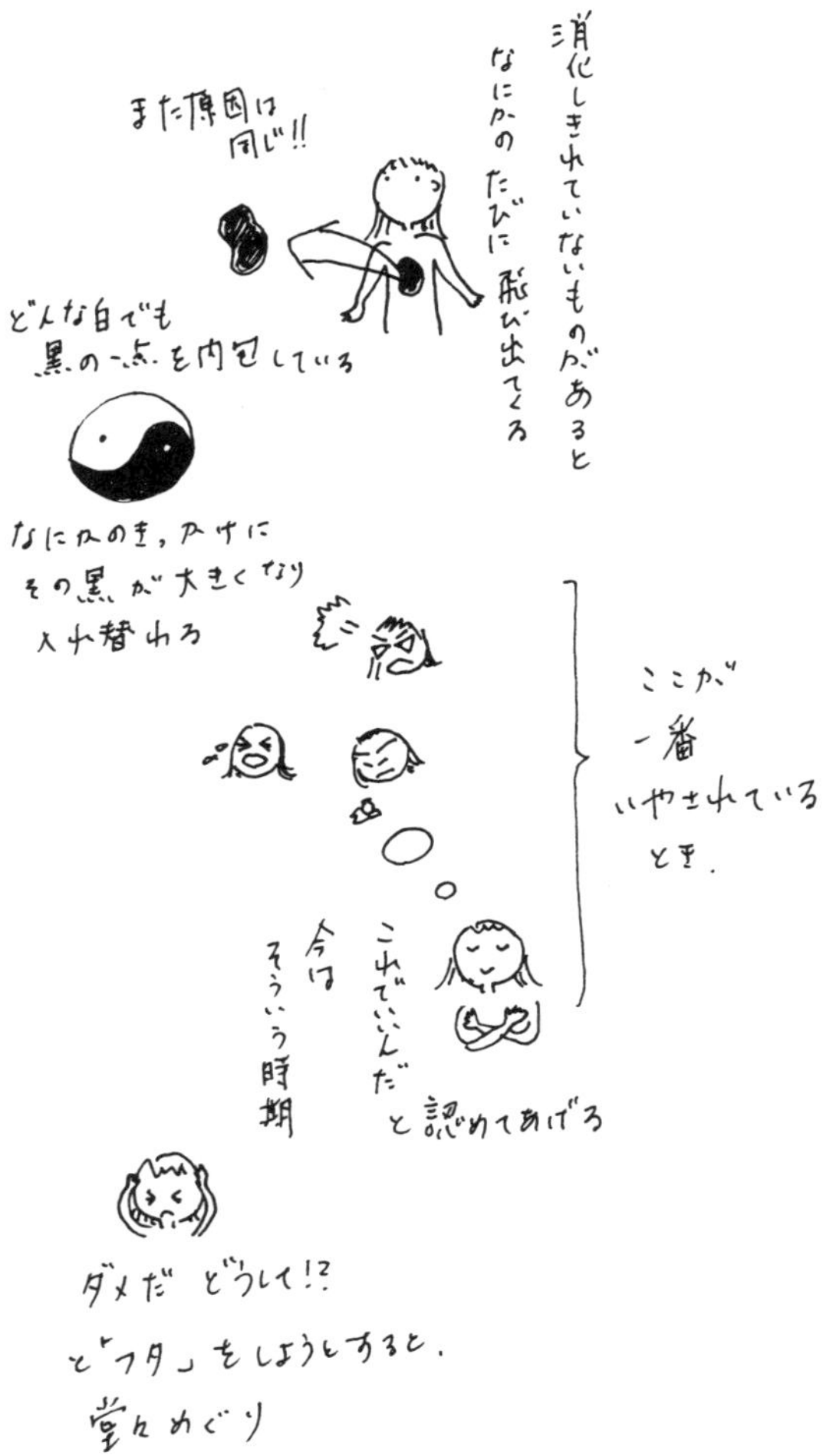

自分の感情と向き合い、なにを感じている自分でもそのまま認めてあげれば、たとえ時間はかかってもきちんと消化されるので、未来のあなたに影響を与える

ことはなくなります。あとでその出来事を思い出しても苦しい気持ちになることはなく、トラウマになることもないでしょう。

自分の感情を認めて癒やされようとしているときこそ、あなたが成長しているときです。起こることに意味のないことはひとつもなく、その出来事を通してあなたが良いほうへ変化しているときだからです。後から考えると、「あれがあったからこれに気付くことができた」というありがたい経験と感じます。

逆に、過去のことを思い出したときにこのような気持ちになることができていれば、それをきちんと解消している証拠です。

あなたの感情を大切にしてください。その嫌な事件や出来事からあなたがどんなにマイナスの思いに沈んでも、つらさのあまりどんなに醜いことを考えたとしても、それでいいのです。「ああ……つらかったんだな、傷ついたんだな」と認めてあげてください。

今、じっくりと味わえば、それはしっかり消化されます。味わってから次に向かえば、次の新しい世界につながるのです。

method / 17

自分と他人の両方が幸せになることを考える

↓その1 競争しない

なにかをするときには、自分も相手も両方が幸せになる方法を選ぶことです。

もし、相手を押しのけて（退けて）自分だけがよくなることを考えて動けば、その波動は必ず後で返ってきます（結果的にそうなってしまったことは仕方ありません、はじめからそのような波動で動くと……という意味です）。

単純に考えて、いつも自分の見返りだけを考えて動く人は、あなたから見てもわかると思います。相手がそうであれば、自然とあなたもその人に対して似たような気持ちで向き合うようになります。ですから、その人のまわりには知らない間に自分の得だけを考えている人が集まるようになり、その人は自分を守るためにますます必死で自分の得を考えることになります。

他人を蹴落とした上でなにかを勝ち取った人は、同じ仕打ちで今度は自分が下げられることになっていませんか？　すぐにはね返って来なくても、大きく見れば必ずどこかではね返って来ます。ですから、このような仕組みで動いている人は、良いことの後には必ず悪いことが起こるなど、アップダウンの激しい生活になりやすくなります。また、運についても「上がったら下がる」というような長続きしないものになるのです。

自分も相手も両方が満足するような方法で上がっていけば、上がったあとに下がる、というようなことにはなりません。

競争の波動で向き合っていると、たとえそれに勝っても、すぐにまた競争しなくてはならない状況になります。常に相手の動きが気になるからです。

いつも競争したり、他人と比較して自分の幸せを決めている人たちの世界は、ギスギスとした落ち着かない雰囲気になっているでしょう。

まわりと競争して成功しようとする気持ちがなくなれば、あなたのまわりには、

あなたと一緒に成功しようとする人、幸せになろうとする人、つまりあなたの夢に協力してくれる仲間がたくさん出てくるのです。

相手の成功や幸せを
一緒に喜ぶ波動を
出していると
相手もあなたの
幸せを助けてくれる人が
集まる
「類友《ルイトモ》」

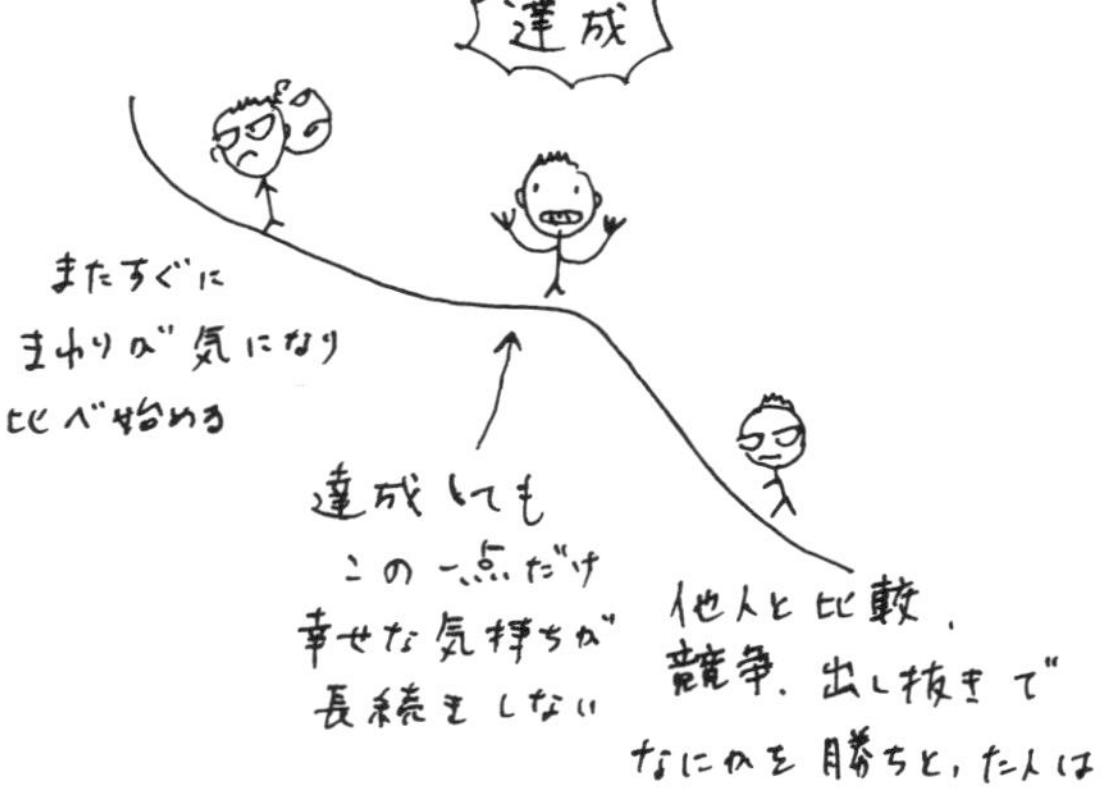
達成
またすぐに
まわりが気になり
比べ始める
達成しても
この一点だけ
幸せな気持ちが
長続きしない
他人と比較、
競争、出し抜きで
なにかを勝ちとった人は

method / 18

自分と他人の両方が幸せになることを考える

↓その2　まずあなたが幸せになる

まず、あなた自身が毎日幸せを感じているかどうか、確認してください。
自分を犠牲にして他人のことを考えるのではなく、他人のことを思うためにも、まずはあなたが幸せになっていいのです。あなた自身が十分に幸せを感じていないと、他人のことを本当に思いやることはできないからです。

あなたが不幸のどん底の気持ちを感じているとき、健康や経済的な問題、人との不和など、人生のうまくいかないことをたくさん抱えているときに、まわりの人や世界の平和を心から思いやることはできるでしょうか？　あなたより恵まれない人と比較して自分をなぐさめることはできても、それは、あなたよりもっと恵まれている人と比較した途端に、不幸を感じることになります。

自分が満足していない状態で見かけだけ他人につくそうとしていると、だんだんと「これだけしているのにどうして自分は……」というような見返りを求め始めます。その奉仕活動は、知らないあいだに自分のなにかを犠牲にしたうえで成り立っているからです。このような波動で動けば、どんなに「人のために」と思っても、その行動はどんどんつらいものになっていくでしょう。

本当に楽しい気持ちで他人のためになることをしているとき、人は「自分を犠牲にして」というような感覚自体がありません。

むしろ、自分が楽しむためにしているようなワクワクした気持ちを味わいます。その結果、自分も楽しくて人のためにもなっている、という両方を満たすことになるのです。

自分の生活さえ幸せに変えられない人が、人の生活に影響を与えよう、変えようとするのは順番が違います。本当に影響を与えられる人は、その本人が自分の生活に心から感謝して幸せを感じることができています。

まず、あなた自身が幸せになっていいのです。

あなたが幸せを感じてワクワクと毎日を過ごすようになると、次は自然にまわりに目が向きます。**自分が幸せになっていい、と強く思ってください。**

あなたが幸せになって活動すると、
それを見ているまわりの人に
自然とプラスの影響を与える

method / 19

自分のところにため込まない

↓出せば入ってくるというバランスを知る

情報を入れたいと思ったら、同時に出すことを意識してください。
自分のほうに受け入れるスペースができれば（空きができれば）、必要な情報は放っておいても入ってきます。良いものを、自分のところだけにため込もうとしていませんか？

どんなことでも、受け入れる側がいっぱいの状態では入って来にくくなります。めいっぱい息を吸った状態のときには、どんなにもっと吸おうと思ってもそれ以上入って来ないようなものです。逆に、息を吐き切ると空気は自然と入って来ますよね。

一日中エネルギーを出し切って活動すると、夜は自然に眠ることができますが、出し切らずにエネルギーが余っていると、寝ようと思っても寝ることができません。お腹がいっぱいだと苦しくて入りませんが、出して空っぽになると、またおいしいものを食べたくなり、満腹のときよりもおいしく感じます。

直感やひらめきも、あなたに情報の入るスペースがあるときにやって来ます。脳がボーッとしているときや、なにかを集中して考えていてフッと力が抜けたときにやって来ることが多いのです。

つまり、入れたいと思ったら出せばいいのです。

新しい情報が欲しいと思ったら、自分が今持っている情報をまわりに分けるようにします。楽しい情報が入ったら、まわりの人とそれを共有してください。素晴らしいものは自分のところだけにとどめておきたくなることもありますが、それはまったく逆です。出すと、減るどころか、ますます良いものが入って来ます。

人間関係やお金の流れも同じです。自分のところだけにかこっていないで、自分やまわりが豊かになるために感謝して使うと、さらに入って来るようになります。

19 自分のところにため込まない
→出せば入ってくるというバランスを知る

これは、「いつもまわりの人にプレゼントをする」とか「自分を犠牲にして他人に与える」というような極端なことではありません。たとえばお金であったら、そこから味わえる楽しさをまわりの人たちと一緒に楽しむということです。本当に必要なときやものには出し惜しみすることなく、自分も含め、まわりもハッピーになるように感謝して豊かな使い方をすることです。

知識や情報であれば、入ってきた情報を生かして一生懸命仕事に打ち込む、困っている人の役に立ちそうな情報を知っていたら独り占めしないで伝える……など、それらのことが結果的に「出す」につながります。

出そうとすると、つまっている流れが良くなります。

すべて、あなたのところに縁があって回って来たものですから、その流れを自分のところでとめてしまうと、それ以上には入って来ないようになります。まわりと分けるようにすると、心が豊かになるだけではなく、実際にそれを補う以上のものがめぐってくるのです。「出す」と「入れる」のバランスです。

19 自分のところにため込まない
→出せば入ってくるというバランスを知る

method / 20

掃除をして気の流れを良くする

↓よどんでいたものを流すと運は良くなる

掃除をすると、すべてにおいて新しい動きがあります。長いあいだよどんでいたもの、つまっていたものが流れるので、あなたが抱えているトラブルにも新しい動きが出るのです。

生活している場所にゴミ（不要なもの）が山積みになっていて流れが悪いと、あなたのまわりに起こることの流れも悪くなります。あなたのまわりに起こることは、みんなつながっているからです。

体も、血流が悪くなると病気になります。「つまり」や「滞り」は、すべてにおいて流れを悪くするのです。

逆に言うと、汚くてゴチャゴチャしているところをきれいにすると、あなたが抱えているゴチャゴチャした問題も整理され、解決策が見つかったり、タイミングのよいことが起こるなどして解決していきます。これは、見た目がきれいになって気持ちが良くなる、という表面的な効果だけではありません。掃除と、抱えている問題の解決は関係ないように思えますが、全部つながっているのです。

神社やお寺をはじめ、神聖な場所とされているところは、例外なく清潔に保たれています。毎日掃除をして風を通し、流れを良くしています。

今抱えている問題に新しい流れが欲しいとき、行き詰まっているように感じるときは、そこを考えて憂鬱になったり不安になるのではなく、まず部屋を掃除してみてください。

掃き掃除、ふき掃除、いらないものの処分……自分のまわりのよどんでいるものをすべて流すつもりで徹底的に掃除を始めると、気分がすっきりしてくることに気付くはずです。見た目がきれいになるからだけではなく、心の中が整理されたような気分になることに気付くでしょう。

毎朝トイレ掃除をしてみてください。「繁盛するお店はトイレがピカピカである」と言われますが、これはサービス業だけでなくすべての人にとって効果的な方法です。

毎朝、家中の窓を開けて風を通してください。ほこりがたまりやすい隅っこには、邪霊をはじめ、いろいろなマイナスのものがたまるとされているので、特にまめに掃いて（祓《はら》って）ください（風水を完璧にしていても、掃除がされていな

ゴミ
ゴミ
ゴミ
ゴミ
心の中のゴミを
はらうつもりで

ければなんの効果もない、と言われます）。

そして、部屋を快適に、あなたにとって居心地のいいように整えてください。いるだけでホッとする空間、見るだけで穏やかな気持ちになるモノ、楽しい気分になるモノで満たしてください。また、インテリアに気を配り、いるだけでホッとするような居心地のいい部屋にしてください。

部屋は、毎日そこから出発して帰ってくる基本になるところです。365日、ゴチャゴチャの部屋を見て暮らしている人と、スッキリと快適な部屋を見て暮らしている人とでは、そこから考えることや気持ちが違ってきて当然です。

帰ってきたときにホッとするたびに、今日一日外でためてきたマイナスのものがリセットされるようになります。

掃除をしたことであなたの気持ち（波動）がスッキリすると、そこに引き寄せられてくるものが変わってきます。波動がいい状態に維持されるからです。

20 掃除をして気の流れを良くする
→よどんでいたものを流すと運は良くなる

method / 21

シンクロニシティーを情報として受け取る

↓その1　タイミングがよくなっている証拠として感謝する

身の回りに起こる「偶然の一致」を、あなたへの情報として活用してください。まわりに起こる現象は、すべて、今のあなたに必要なメッセージを伝えています。そこに、あなたが探していることの答えが示されているのです。

さっきまで考えていた人に外でバッタリ出会った、ずっと考えていたことがたまたま開いた本に詳しく載っていた、自分が思っていたことと同じことを突然相手が話し出した……。このような偶然の一致は誰にでもあるはずです。

これは、あなたの内側の意識（波動）が、外側に同じものを引き寄せている証拠です。あなたの意識がAに向かっていると、外側にもAに関係のあるものがやってくる、という波動の原理に沿った現象です。

1、私がある本を久しぶりに読み返して感動していたら、知人からも「最近同じ本を読んで感動した」と電話があった

2、ヨーロッパのある町の話を聞き、「今年はぜひそこに行きたい」と考えていたら、次の日、そこの名物であるお菓子が友人から届いた

3、急に思い立って一人暮らしの部屋の大掃除を始めたら、自宅の父も急に思い立って倉庫の大掃除を始めていた

4、私が気に入って購入した物を、母も同じ日に購入していた

5、友人が、ある難しい試験に合格したという知らせをもらった日に、別の友人からも「知人が同じ試験に受かった」という知らせが入った

6、食事会の場所を決めるときに、「あそこに行きたい」と思っていたら、ある集まりで、そのレストランのオーナーを紹介された

7、次はこういう本を書こうと思っていたら、読者の方から、「こういう本を書いて欲しい」という手紙が重なった。その数日後、はじめての出版社から、それと同じ企画の話を依頼された

8、ある雑誌の取材を受けたら、そのひとつ前の号は、数日前に知り合って意気投合した人の取材だった
9、いま書いている本の内容を裏付けるような本を、はじめて会った人からいただくことが続いた

ほんの一部ですが、すべてこの一カ月ほどのあいだに起こったことです。

このようなことが起こったとき、自分の意識が確実に外側に影響していることを、まずはじっくりと感じてください。これを感じるようになると、シンクロニシティー（偶然の一致）は毎日のように起こり始めます。

どれも、時期がずれていればなんの感動もありません。つまりシンクロニシティーが起こるときというのは、あなたのタイミングがどんどん良くなっている証拠なのです。

イライラしていたり、心が不平や不満などのマイナスでいっぱいになっているとき（波動の質や精神レベルが下がっているとき）には、このようなシンクロニシティーは起こらなくなります。タイミングが悪くなっているので、「ちょうど

良かった」とうれしく感じるシンクロニシティーは起こらなくなるのです。

シンクロニシティーが起こるときは、あなたの意識していることがタイミング良く引き寄せられている証拠であり、「その方向でいいんですよ」という宇宙からの知らせなのです。ですから、「よし、この感じでいいんだな」というバロメーターにしてください。自分の状態をチェックすればいいのです。

21 シンクロニシティーを情報として受け取る
→その1　タイミングがよくなっている証拠として感謝する

method / 22

シンクロニシティーを情報として受け取る

↓その2　探していることの答えをキャッチする

シンクロニシティー（意味のある偶然の一致）は、明らかに今のあなたへの答えやヒントを示しています。どうしようかなあと思っていること（考えている波動）の答えを、シンクロニシティーという現象を通して知らせてくれているのです。

つい先日のこと、新しい名刺のロゴマークを考えていました。ある程度は決まっていたのですが、どうもひとつなにかが足りないと感じながらも良いアイデアが思いつかないでいたのです。

数日後、自宅で衛星放送を見ているとき、その映画に出てきた人がはめていた指輪から目が離せなくなりました。私が名刺のために考えていたマークをほんの少しアレンジした形の指輪で、それを見た瞬間「これだ！」と思ったのです。

急いで書き留めて、続けて別の映画を見たら、その映画の中でも庭の植木の飾りに同じような形が出てきました。そこで、「新しいロゴマークはこれにすればいいんだな」とわかったのです。

このように、シンクロニシティーを参考になにかを決めたことは、これまでにもたくさんありました。そして私の経験としては、このような方法で決めたことは後になってからも「これにしてよかった」と心から思える結果になるのです。


数日前、友人から電話がありました。その人は昔から宇宙（特に月）に対して特別な興味を持っていた人ですが、このひと月ほどのあいだにその気持ちが急に強まったそうで、ついに「どうしても月の絵が欲しくなった」という内容の電話でした。「絵に詳しいわけじゃないし、どんな月の絵にしたらいいか決まっていない」と言うので、私は「無理にあせって決めなくても、きっとそのうち答えが出るから」と言って電話を切りました。

そして今日、またこの人から電話があり、以前から好きだった画家のサイトを見ていたら、その近くに著名な画家の名前を見つけ、両親が好きで聞き覚えがあったのでその画家のサイトを開いてみると、はじめのページに何枚も月の絵があったというのです。自分のイメージとぴったりだったので、すぐにこの画家と親しい友人に電話をしたところ、ちょうどその友人が「今その画家に会いに行くところ！」だったので、画家本人に話をしてくれることになりました。

どんな月の絵にしようかと思っていた答えが、たまたま目についたサイトがきっかけでタイミングよくやってきたことになります。つまり、本人は「たまたまそのサイトを開いた」と感じていますが、自分の意識（波動）が外側にシンクロして引き寄せたのです。

この現象を感じるようになると、どうしようかなと思ったときに、「きっと答えが来るだろう」と安心して待つようになります。

あなたのまわりにも、あなたにとって必要な情報がたくさんやって来ています。それをキャッチしたときに、恐れずにその通りにしてみてください。偶然はない、ということの意味がわかると思います。

そして、一度それをキャッチすると、宇宙はもっとはっきりとした形であなたに答えを教えてくれるようになります。

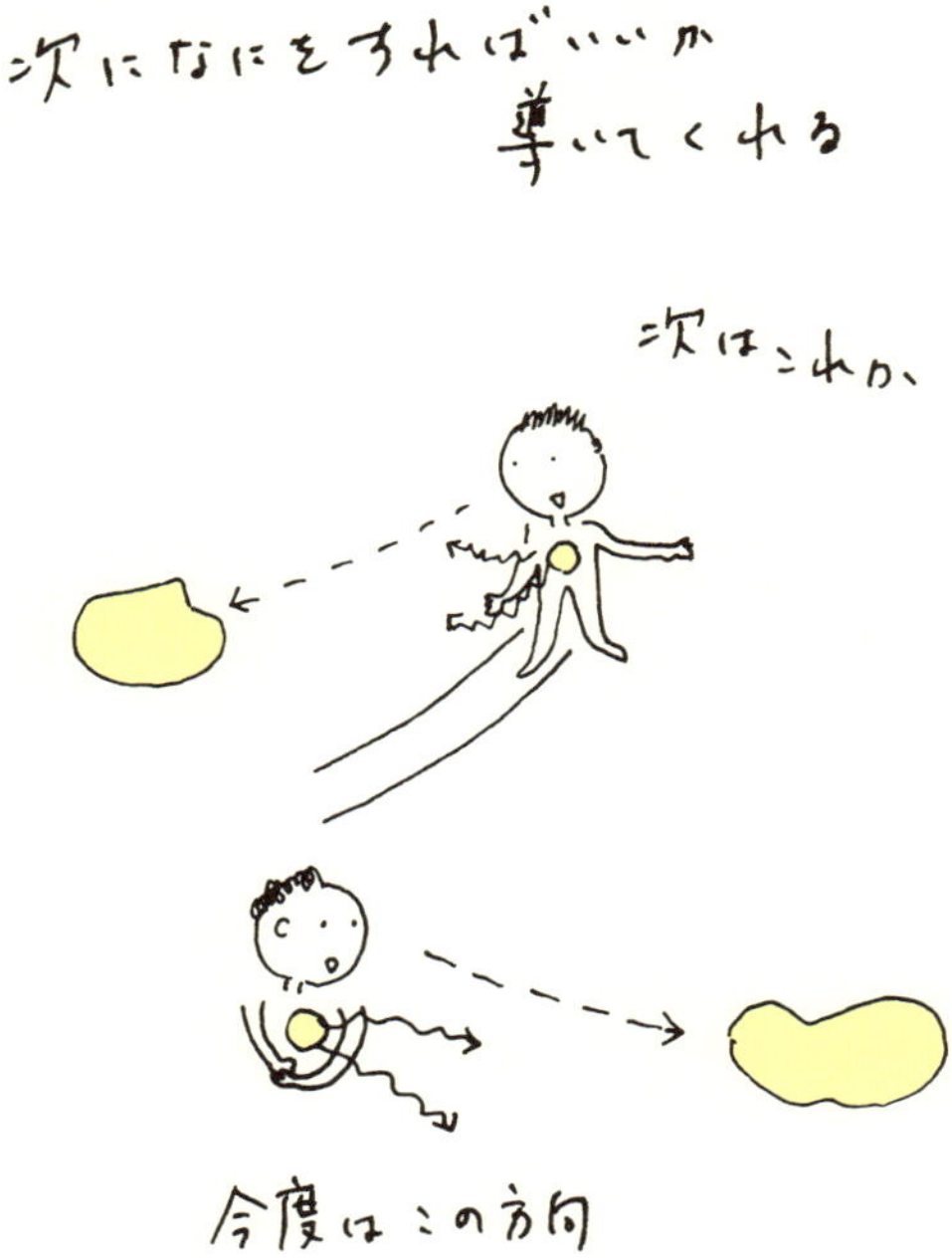

method／23

シンクロニシティーを情報として受け取る

↓その3　悪い事件ほどメッセージが隠されている

ふと目に留まったこと、たまたま心に残ったことでも、「偶然」ということはありません。今のあなたに必要なものを暗示しています。

あなたは毎日数え切れないほどたくさんのものを無意識に見たり聞いたりしています。そのほとんどは覚えていない（専門的なデータによれば、人間が一日に目にしているものの中で、「見た」とはっきり覚えているのは全体の1割にも満たないといいます）のですから、それだけが心に残った、気になったということは、あなたにとって必要だから気になっているのです。

たとえば、仕事だけに突き進んでいて家族や大切な人たちとの関係がおろそかになっているとき、たまたま「家族愛」がテーマの映画を見て涙がとまらなくなった……これは、あなたにとって今必要なことのお知らせです。

夢に向かって努力しているのにうまくいかないというとき、ふと目にしたポスターに「あきらめるな」と書いてあった……これもお知らせです。

忙しさに追われているときに、他の誰かが過労で倒れる夢を見た……これも「少し健康に気を付けたほうがいい」というメッセージです。

交通事故を続けて何回も見かけた……「あなたも気を付けて」というメッセージかもしれないし、醜い争いを目撃することが多いのは、あなたも似たようなことをしていませんか？ 人間関係は大丈夫ですか？ というお知らせかもしれません。他人には違うように映っても、あなた自身が「これを伝えようとしている」ということに気付くはずです。

パッと引いたカードに書いてあるメッセージでさえ偶然はありません。今のあなたに必要な言葉を、あなた自身が引き寄せているのです。

これは、「なんでもかんでも意味を付けて考える」ということではありません。

たとえば、朝起きてすぐに転んだことを「これは悪いことの前ぶれ?」と考えるのは、ただの「意味付け」です。ですが、まわりに起きている現象は、思っている以上の正確さで、あなたの無意識に出している波動が引き寄せています。

あなたがイライラしていたり不満でいっぱいの心で暮らしているときには、外でなにげなく出会う人(レストランやお店の人など、日常生活でかかわるような人々)にまで、ムッとさせられることが起こりませんか? これは、あなたがその人たちに直接悪い態度を取ったからではなく、あなたの心の波動が「そういう人」を引き寄せているのです。

まわりの人に愛情を感じて穏やかに暮らしている人は、めったにこういう人に当たりません。そのような思いをしなくて済む波動になっているからです。

また、家族で(夫婦で、恋人同士で)大げんかをしたり、そのことでイライラしたり、すべてをまわりのせいにするなどいつまでも引きずっていると、それとはまったく関係ない職場でも人とのトラブルが起きた、というようなことがあると思います。これも、「たまたま運の悪いことが重なった」のではなく、あなたがひとつの場所でつくったイライラした波動が、別のところでも似たようなことを引っ張っているのです。

このような日常のふとしたことに意味があるとすれば、大きな事件や嫌な思いをさせられた大きな出来事こそ、あなたに必要な大事なことを知らせています。自分は悪くなく、まわりの影響で突然巻き込まれたように感じることでさえ、今のあなたに伝えるメッセージがあるのです。

そのようなことが起こったときに、最近の自分を振り返ってみてください。

・十分に満ち足りているのに、不平や不満ばかり言っていませんでしたか？
・うぬぼれ、おごりたかぶり、まわりを見下す態度になっていませんでしたか？
・ひとつの考えにとりつかれ、まわりが見えなくなっていませんでしたか？
・お金や人間関係に対して、間違った価値観を持っていませんでしたか？
・憎しみや嫉妬が原因で動きませんでしたか？
・損得勘定だけで相手に近づいていませんでしたか？
・今の状況でも十分に感謝をすることがあるはずなのに、もっともっとという欲があり過ぎませんでしたか？

これら自分の中で思いつくことと、起きたトラブルの内容が直接には結びつかないように感じる場合もあります。たとえば、お金関係でだまされることと、自分がうぬぼれた態度でいたことには一見なんの関係もないように見えるかもしれません。だましてきた相手が悪く、１００％自分が被害者のように感じることもあると思います。

ところが実は関係があり、なにかを考え直したり、見直しをさせるために、「お金」という方法で見せてくれたのです。

その問題は、それを気付かせる手段に過ぎません。お金で来ることもあれば、人間関係で来ることもあれば、体を壊すことになる場合もあります。

自分の意識や言動を思い返してみると、「これが原因だ」と気付くことが、なにか見つかるはずです。

「これを知らせてくれるために起こったんだな」と理解できるようになると、同じようなトラブルは起きなくなり、運の悪い連鎖もとまります。

23 シンクロニシティーを情報として受け取る
→その3　悪い事件ほどメッセージが隠されている

もし、ここで気付かないと、次は形を変えてもっと大きな嫌なこととして起こるでしょう。

ですから、一番はじめは「これくらいのことで済んで良かった」のです。

逆から言うと、原因なく起こることはひとつもないので安心してください。

あなたがコントロールできないところで勝手に突然起こるから巻き込まれたように感じたり、なにが起こるかわからないという未来への不安を感じたりしますが、自分の波動の質（あなたの意識がなにを考えているか）に集中すれば、起こることは変わっていきます。

そして、まわりのシンクロニシティー現象を観察していると、次に起こることの予想もできるようになってきます。

たとえば私の場合、あることについてなぜか何度も気になって、人からその話を聞くことが重なったり、それに関係のあることを見聞きするなど「偶然の一致」が重なったときは、「これに関係のある仕事や話が来るのかもしれない」と思って、その準備を始めます。すると、数カ月後に本当にその話が来たときに、

「こちらもそれを用意していた」となるので、お互いにとってタイミング良く物事が運びますよね。

これは、ただの一例ですが、まわりに起こるシンクロニシティーは、今の流れや近い未来の出来事をある程度予知できるようになっているのです。

あなたがもっと生きやすいように、人生のいろいろなところで「おためし」とされるような出来事が起こりますが、それは、あなたがもっと生きやすいように、「気付くチャンス」を与えてくれているだけのことです。

その証拠に、その事件が起きた「意味」に気付くと波動の質が良くなる（精神レベルが上がる）ので、前よりずっと流れが良くなることを感じるはずです。流れが良くなるとは、タイミングのいいことがたくさん起こり、直感がさえ、物事が自然にスムーズに運んでいくようになる、ということです。

これを、「起こることにはすべて意味がある」とか「つらいことほど、後になってためになっている」という言い方をすることもできますが、つらいことを苦しみ抜いて抜け出す、というよりも、やって来たはじめから「これは流れをもっとよくするために、自分を成長させるために起こっているんだな」ととらえると、もっと簡単にできるようになります。

あなたのまわりに起きる出来事から、メッセージを受け取ってください。するど、「嫌なこと」という出来事自体がなくなっていきます。起こる物事に「良い、悪い」がなくなって、すべて自分にメッセージを伝えるただの「出来事」になるのです。

method／24

意識的に魂を高揚させる

↓感性を高める

あなたが美しいと思うもの、感動するもの、素晴らしいと思えるものにできる限り触れてください。感性を高めると運気は上がります。まわりに起こるシンクロニシティーや心の変化に敏感になるので、それを察知できるようになります。

心打たれる技術や芸術、美術、音楽、映像、演劇、「人生って素晴らしい！」と思えるようなものをたくさん見て、聞いて、感じてください。

あなたの五感を刺激するものを生活の中に意識的に採り入れてください。

空に向かって心が広がっていくような景色や絵画、ゆったりとした気持ちになれる香り、身をまかせられるような心地良い気分になるものがあったら、それを味わう時間を定期的につくってください。

なにか大事なことを始める前に、そのような至福感をたっぷりと味わってから始めるのも効果的です。

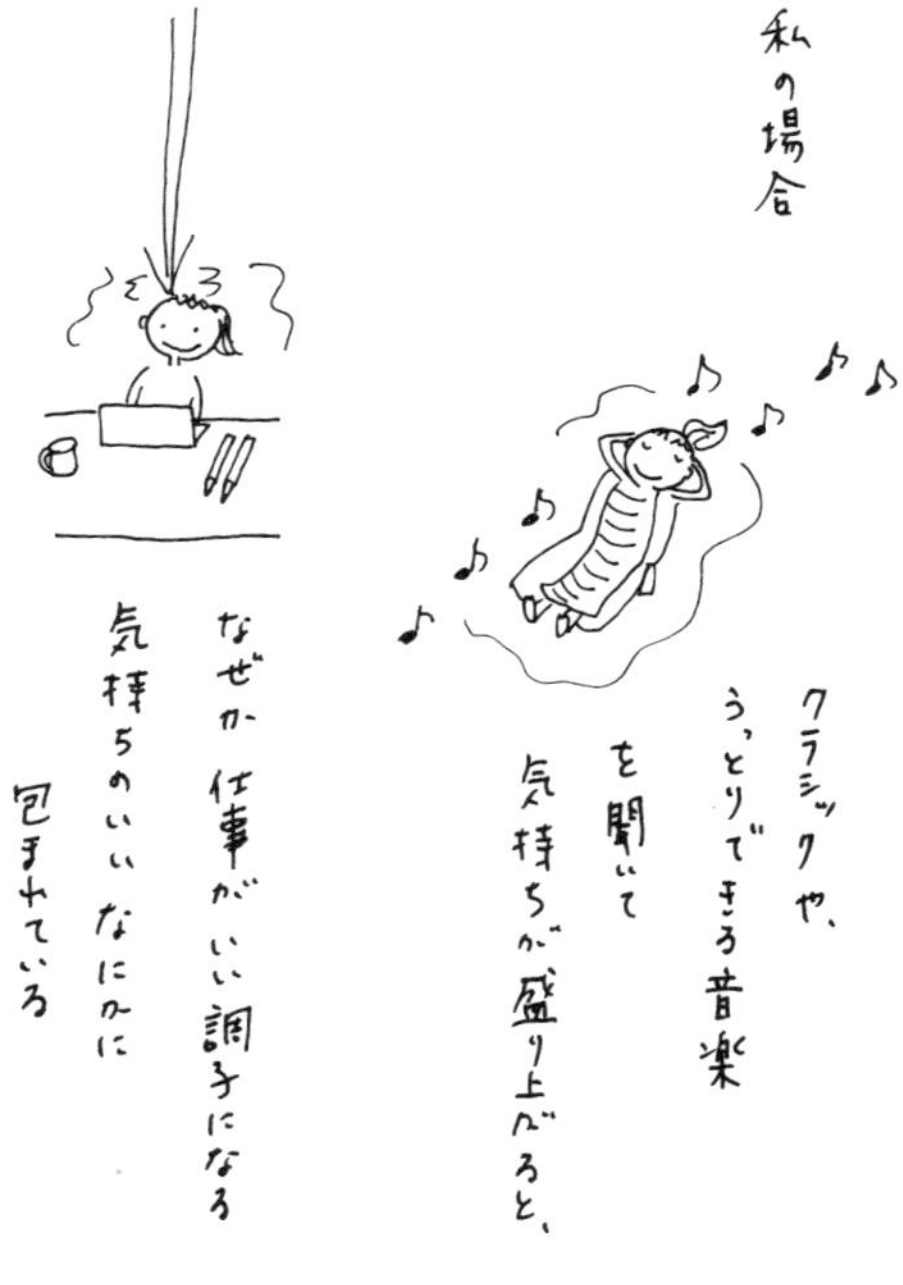
私の場合
クラシックや、
うっとりできる音楽
を聞いて
気持ちが盛り上がると、
なぜか仕事がいい調子になる
気持ちのいいなにかに
包まれている

魂が高揚した気持ちが持続していると、宇宙とつながりやすい波動になっているため、向かっている作業をいつもより楽しく感じたり、素晴らしいことを思いついたりしてスムーズに運んでいきます。勘がさえたり、解決のヒントが浮かんだりしやすくなります。

本当は、なにをしているときでも、すぐにそのような波動の状態に入ることができればいいのですが、それができない場合は、人間のつくり出した素晴らしいものの力を借りてください。

この世には、人間のつくった宇宙につながるような素晴らしいもの（作品）がたくさんあります。

method / 25

見えない世界のことに興味を持つ

↓ 見える世界を支えているのは見えない世界である

見えない世界のことに興味を持ってください。

目に見えるものを支えているのは、実は目に見えないものだからです。

目に見えない「空気」が私たちの生活を支えているように、目ではわからなくても、その恩恵を受けていることはたくさんあります。

「心」も目には見えませんが、自分がなにかを考えることから次の行動が決まり、心ひとつでやる気が出たり沈んだりします。

「運」も目には見えません。ですが、運の良くなる言動をするかしないかで、同じ人であっても生活に起こることが変わります。技術や能力は他の人より優れていても、「いざ」というときに運の悪いことが起こって邪魔が入れば、目に見えない「運」のために、目に見える結果が左右されます。

人間はひとりだけで生きているのではありません。自分を支えてくれる人たちはもちろん、目に見えないいろいろなものも、日々あなたを守っています。

それを言葉で表現しようとすると、神様、守護霊、守護神、エンジェル、ご先祖さま、前の人生（前世）にかかわりのあった目に見えない類《たぐい》のものなど、様々な言い方があるので、ひとつに決めることはできません。また、その言葉自体のイメージから誤解しやすくなることもあります。

ですが、たとえば亡くなった両親が自分のそばにいるような気がする、ということを感じる人はいるでしょう。同じように考えれば、両親のひとつ前の祖父母、そのまた前のご先祖、さらにそこにかかわったものたちがそばにいるということも、不思議ではありません。

大自然の中にいると不思議と気分が良くなって癒やされることがあるように、自然には力がある、と感じる人はたくさんいます。

そこにいる神聖なもの（それを天使や妖精と呼ぼうが自然霊と呼ぼうが自由で

25 見えない世界のことに興味を持つ
→見える世界を支えているのは見えない世界である

すが……）や宇宙のエネルギーがあなたを包んでいるというように、見えないモノの力を今まで以上に意識してみてください。

これは宗教的な話ではありません。事実、宗教などにはまったく興味のない人でも、このような力を感じている人はたくさんいるはずです。「感じる」というのは実際に見えたり聞こえたりしてしまうということではなく、意識しながら暮らしているということです。

また、これまでの人生の中で、「あれはどう考えても自分以外の大いなるなにかが守ってくれたに違いない、応援してくれていたに違いない」と思わざるを得ないくらい、タイミングの良いことが続いたり、流れが来ていたということを感じた人もいるでしょう。

気付かなくても、これらの力はいつもあなたの味方をしていますが、あなたがそれに気付く（意識する）と、そのパワーはますます強まるのです。

神社などにお参りをするときには、まず、「いつも守ってくれていることに感謝の言葉を伝えるのが良い」と言われますが、「あなたたちの存在に気付いていています、その恩恵を受けていることに感謝しています」ということを伝えてあげると、助けるほうもますます活発になってくれるのです。

なぜ強まることがわかるか、それは、あなた自身が日常生活で実感することになります。守られていることを意識すると、今までより物事がスムーズに運ぶようになったり、「困った、どうしよう」というときに絶妙のタイミングで助けが来るなど、これまでとなにか違っている、ということを感じることが起こります。

特に、「タイミングがいい！」と思う出来事が起こるのは、人や時間などが絶妙にかみ合った結果であり、目に見えるものと見えないものが陰で助けてくれているお陰なのです。

あなたが、あなたの魂が喜ぶ仕事や活動をしたり、ワクワクする夢のことを考え始めれば、宇宙をはじめ、後ろに控えているたくさんの見えないものが全力で力を貸してくれます。

その助けが、「タイミングが良かったこと」や人との縁として表れるのです。

目に見えないモノのことを、ためしに少し知ろうとしてみてください。

日本をはじめ世界中に伝わる神様や精霊や天使のこと、人間の魂のこと、今の人生の次の世界のこと、死後の世界、宇宙のエネルギーや仕組み、宇宙人のこと、「知ろう」とするだけで、それに関係のある話や情報はたくさん集まって来るはずです。入り口はどこでもかまいません。あなたの興味のわいたことがあなたにとっては縁のあるもので、宇宙とつながるきっかけになります。

ひとつの宗教や教えに決める必要はまったくなく、宇宙とつながる方法はいく

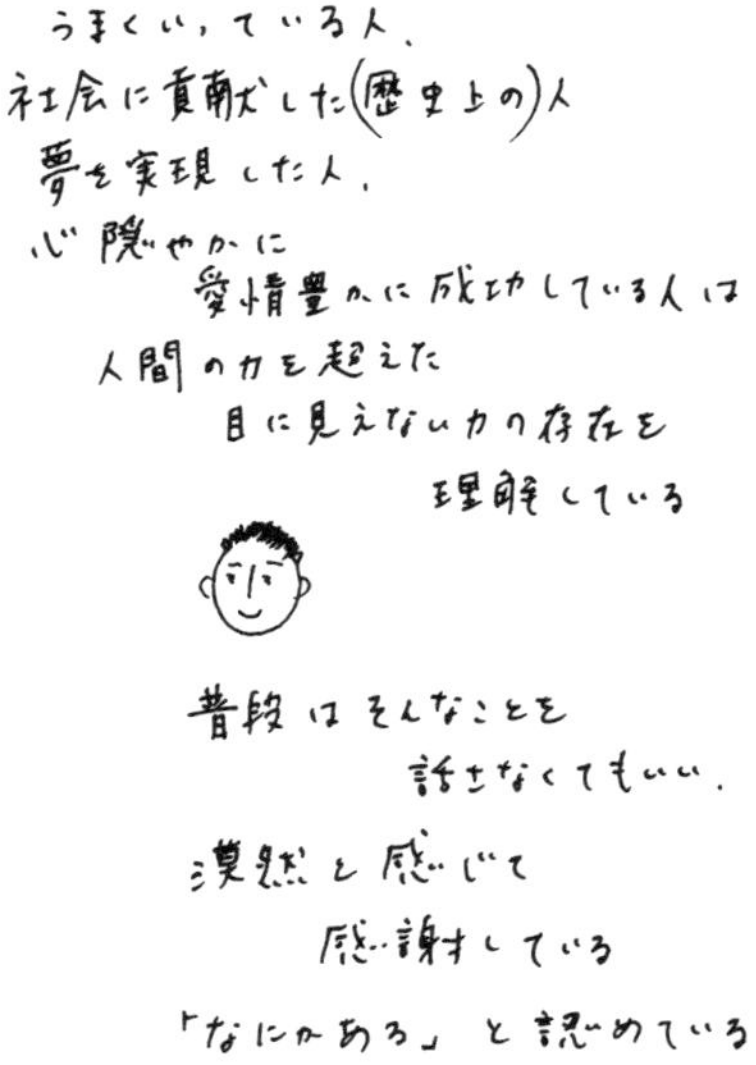
うまくいっている人、
社会に貢献した(歴史上の)人
夢を実現した人、
心穏やかに
愛情豊かに成功している人は
人間の力を超えた
目に見えない力の存在を
理解している
普段はそんなことを
話さなくてもいい。
漠然と感じて
感謝している
「なにかある」と認めている

らでもあります。逆に言うと、この方法でなくては宇宙とつながれないというルールのある教え、団体は、後から人間が作り出した規則です（もちろん、ひとつの宗教に属している人は、それはその人のやり方なので否定しないことです）。

見えない世界のことを知ろうとすると、あなたをサポートしている宇宙の仕組みがわかり、今までにない世界が広がるはずです。日々の生活に、あなたがひとりで立ち向かっているのではなく、自分の後ろにはものすごい数の応援団が控えていると知ることは、あなたをきっと安心させるでしょう。

偉大なる光
も大元《おおもと》に
どんな人の後ろにも
大勢の応援団がいる

25 見えない世界のことに興味を持つ
→見える世界を支えているのは見えない世界である

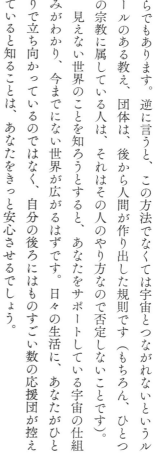

method／26

体調を整える、体のケアをする

↓体が疲れると運気は下がる

体の調子を整えてください。気力と体力の両方がバランス良く充実していないと、宇宙からの情報をキャッチしにくくなります。

私自身の経験では、体が不調のときに直感がさえたり、シンクロニシティーを感じられることはあまりありません。体と心はつながっているので、体が不調であれば、自然と心の波動も下がってくるからです。

誰でも、体調が悪かったり、けがをしてちょっと痛いところを抱えただけで、気持ちは下がり気味になります。体が思うように動かないので気持ちがイライラすることも増え、それが続けばマイナスの波動を維持することになるので運は下がります。

体調が悪いということは、あなたがどこかで無理をしているサインでもあります。肉体的な無理か、精神的な無理か、その両方が重なっているかもしれません。身体的に疲れ過ぎていないか、気付かないうちにストレスになっていることや我慢していることがないか、つらいのに無理して突っ走っていることがないかなど、体と心を切り離して考えないことです。


流れを良くするためにも、適度に体を動かしてください。

運動は「運を動かす」と書くように、体を動かすと流れが変わります。

ちょっと運動をしただけで、体がスッキリするのはもちろん「なんだか気持ちまでスッキリしてきた」と感じることがあるでしょう。

外側（＝体）が動いて流れが良くなれば、内面の停滞している部分も流れ始めます。考え方（内面）から変えるのが難しいときは、外側の体を動かすことで流れを変えることができるのです。

ハードなスポーツをしなくても、軽いジョギングでも、新しいトレーニングウエアをそろえて散歩に出かけるだけでも十分に気持ちが切り替わります。「気持ちが変わった」というのは、その瞬間にそれまでの流れが変わった、ということです。

また、あなたが心地いいと思える程度に、体を美しく整えてください。

体は今の人生に与えられた「借りもの」なので、ケアして美しく維持しようとすれば、運気は上がります。

肌の手入れをしたり、理想のプロポーションに近づいたりすると、自然と気持ちが盛り上がって自分のことが好きになります。これは女性でも男性でもある程度同じでしょう。与えられている体をほったらかしにして嫌っている人よりも、一生懸命磨こうとしている人のほうが運気は上がります。

体は宇宙の波動をキャッチする受信機なので、常にメンテナンスをしておく必要があるのです。

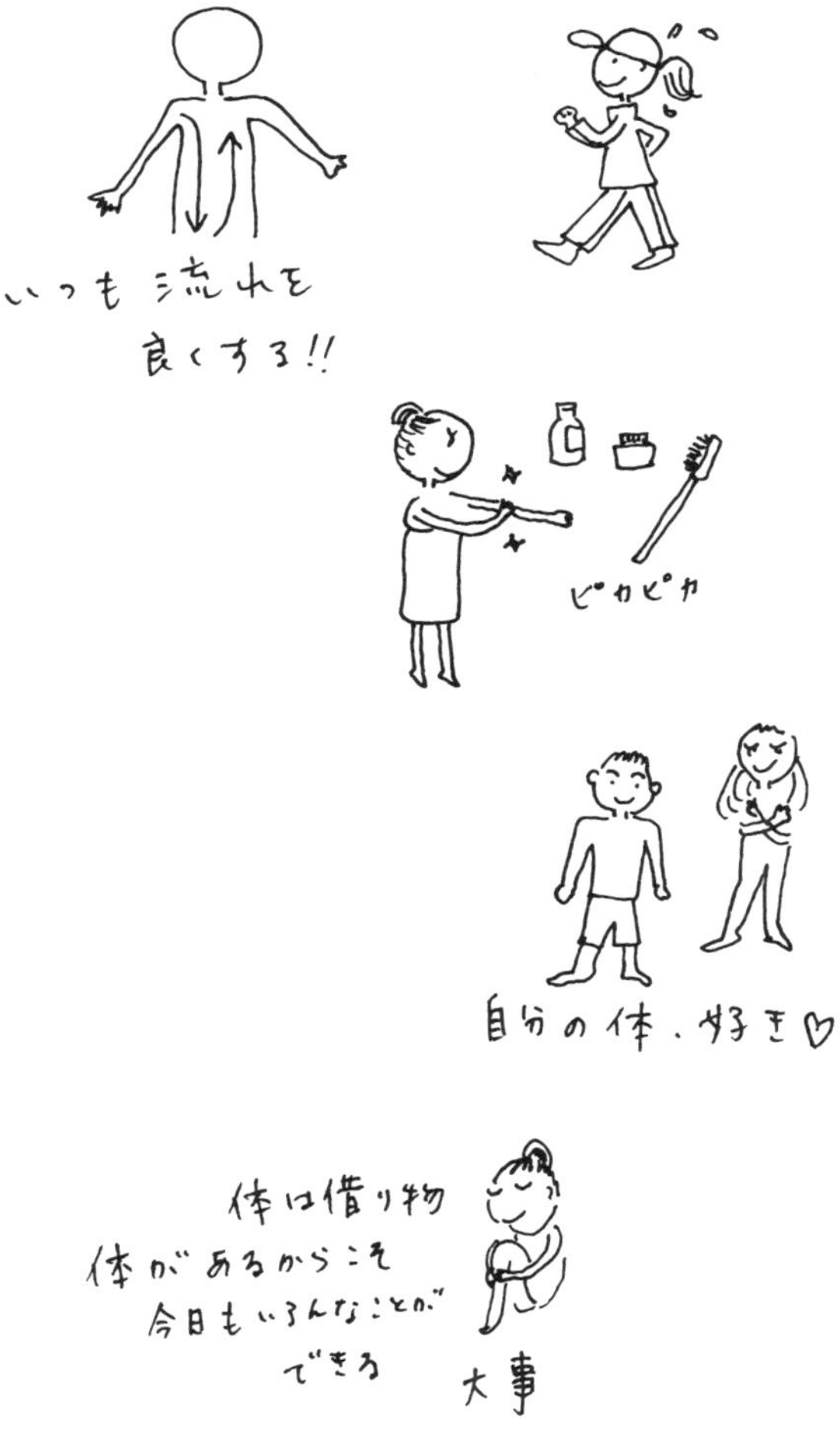

26 体調を整える、体のケアをする
→体が疲れると運気は下がる

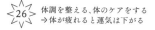

method / 27

小さなことには「どっちでもいい」というゆとりを持つ

↓ どうでもいいことに過剰反応しない

小さなことにイライラすると、そのたびに波動の質が下がります。せっかく宇宙とつながる言動をしていても、日常の小さなことにいちいち心をざわつかせていては、意識がそのたびに中断されてしまうのです。

日常生活でイライラを感じるほとんどのことは、考えてみれば本当に小さなことがきっかけのはずです。

態度の悪い人にムッとさせられた、お店の人の応対が良くなかった、こちらの言うことが一度で通らなかった、注文したものと違うものが来た、自分の期待していた反応が相手から返って来なかった、思いもかけないことを言われた、予定と違うことが起こった……こういうことが続けばたしかにムッとするかもしれませんが、どれも、あなたの人生が左右されてしまうほど大きなトラブルではありません。人生全体から考えたら、かなり小さなどうでもいいことです。

ほとんどのことは影響されることのない「どっちでもいいこと」で、通り過ぎてしまえば、ただのひとつの出来事なのです。

ところが、はじめの小さなことに過剰反応すると、それが人生を左右するほどの大きなマイナスの出来事につながっていきます。

はじめのイライラをいつまでも引きずっていれば、その波動がマイナスのものを引き寄せ始めるからです。あなたの意識が長く考え続けていると、それは現実の世界に起こり続けます。でもあなたがはじめに過剰反応しなければ、「ただの出来事」で終わるのです。

どうでもいいことにいちいちまどわされて、心の波動を下げるのはもったいないことです。今の人生で人間としての時間は一応限られているのですから、余計なことでイライラしている暇はありません。もっと、あなたが楽しいと思えること、考えてワクワクする夢に時間を使ってください。

27 小さなことには「どっちでもいい」というゆとりを持つ
→どうでもいいことに過剰反応しない

思わずイライラしそうになったときは、一拍おいて、「これが自分の人生に影響あるかな？」と考えてみてください。自分の人生がひっくり返されそうなことだけに反応すればいいのです。「こういうときこそ平常心、どうでもいいことだ」と思い、一瞬はムッとしても、「あ、今のはナシ」と思えばいいのです。

強運の人は小さなことにいちいち動じません。心の平安を乱すものが少ないので、いつも自分の意識を明るいほうへ集中させています。

大きな開運アクションをするよりも、日々の小さなイライラをなくすほうが、流れはずっと良くなります。

運のいい人は
小さなことで
心を乱さない
でも
うれしいことや
感動することには
よく反応する

method / 28

偏見や思い込みの枠を外す

↓新しい発見は思い込みの向こうにある

偏見や思い込みの枠を外してみてください。

思いもかけない意外なところに、解決や発見やヒントが転がっているからです。

あなたが無意識に「これはこういうもの」と思い込んでいると、その枠を超えたところにある貴重な情報に気付くことができません。あっても見えないのです。

先週のことです。本棚である本を探していました。水色の背表紙でたしかにその本棚にあるはずなのに、何度探しても見つかりません。

ところが、知人が同じ本棚をもう一度探してみると、目の前のとてもわかりやすいところにきちんと入っていました。よく見ると、探していた本は水色ではなく緑色の背表紙だったのです。私が「水色、水色」と思い込んでいたので、目の前にあっても認識していなかったのです。

発明家が素晴らしい発見をするときは、今までの常識や結果から「こんなところに新しい発見はない」と思い込んでいたところにヒントがあった、というようなことがよくあると言います。

どんな分野のことでも、知識のない素人（＝知識がないため枠にはまった考え方をしていない人）の意見がヒントになることは多々あります。

枠を外して眺める、というのは、「そこにあるものをそのまま見る、感じる」ということです。

たとえば、人と接するとき、誰でもこれまでのその人との付き合いから無意識に「この人はこういう人」と思って接しています。

はじめて会う人も同じです。その人の仕事の種類、立場、育ってきた環境、外見、洋服などの好みなどから、「多分、この人はこういう種類の人だろう」と勝手に枠組みをつくって相手を眺めます。だからこそ、それに外れた結果になると、「意外だった」という感想になるのです。

このような見方はある程度当たり前で必要なことですが、その思い込みが強すぎると、今日のその人からの新しいメッセージを受け取ることができません。前回は違っても、今日のその人は、あなたにものすごいヒントや気付きや情報を伝えてくれるかもしれないのです。あなたの思い込みが強いと、相手がそれ（今の自分に必要なこと）を言っていてもキャッチできないのです。

何度も会ったことのある人に対しても、会うたびに「今日はじめて会う」というつもりになってください。それまでのその人のイメージをクリーンにして、新しい情報、刺激、メッセージを受け取るのです。

こんにちは
今日も新しい私
やあやあ
新しいAさん

夢を実現するときも同じです。

実現したところをイメージするのは大切ですが、どうやって実現するかという過程まで決めてしまっていると、他の方法が来たときに気付くことができません。「絶対にこういうふうに進んでいくに違いない」と思い込んでいるので、目の前の出来事が実現につながる道だと気付かず、遠回りをすることになります。

逆の立場から考えて、あなたが誰かにアドバイスをするときに、その人が「絶対にこれ以外に考えられない」と思い込んでいると、「伝えてもきっと耳に入らないだろうな」と思ってだんだん言わなくなるのと同じです。

ですから、実現する最後のところはイメージしても、あとはゆるい状態にしておく、途中のプロセスは宇宙（自然の流れ）にまかせてください。

「これが絶対！」という思い込みが多すぎると、幸せを感じることも難しくなります。「こうでなくてはいけない」という制限があればあるほど、その基準から外れたら不幸なものもたくさん出てくることになるからです。

たとえば旅行をするとき、はじめから「絶対にこの飛行機で、このホテルで、この日にこれをして、このレストランでなければ楽しくない」と思い込んでいたら、どれかひとつでも予定と違うことが起こった途端に、つまらない旅行になります。あなたが設定している「これが絶対」は、今のあなただから思いついているることで、枠を広げるともっと素晴らしい楽しみ方や面白いと感じる世界があるかもしれないのです。

流れに乗っている人は、すべてのことに対して偏見がないので（少ないので）、いつでもどこからでも自由に、今の自分に必要な情報をキャッチしています（極端な言い方をすれば、自然現象も含めたあらゆるものが、今の自分に必要なことを示しているからです）。

偏見や枠を外し、いま目の前にあるものをそのまま感じるようにしようと決めると、新しい発見ができる出合い（情報）がどんどんやって来ます。必要な情報をブロックしていた壁がなくなるので、まるで世界が変わったかのように感じるでしょう。夢を実現させようとするときも、大枠は思い描いても、それ以外のところは枠を外して流れにまかせてください。

28

偏見や思い込みの枠を外す
→新しい発見は思い込みの向こうにある

method / 29

動きがないときは待つ

↓流れの悪いときには動かない

あなたが今、抱えている悩みは必ず解決します。頑張っているのになかなか動きがないように感じることにも、必ず動きが出てきます。だから心配しなくていいのです。今は「その時期」ではないだけです。

物事にはなんでも「時期（＝タイミング）」があります。どんなにそれにふさわしい能力や環境がそろっていても、タイミングがそろわないと動きがありません。

タイミングは、あなたやその物事にとって「最高のとき」をそろえてきます。早すぎることも遅すぎることもありません。

過去の出来事を思い返してみてください。当時は、「もっと早くこうなってほしい」と感じていたようなことでも、後から振り返ると、「あのときにそうならなくて良かった」とか、「早すぎていたら、そのあとの経験はできなかった、あの人に会うこともなかった」と感じるようなことがありませんでしたか？

今あなたが抱えていることも、あなたにとって一番よいタイミングのときに必ず動きが出てきます。

動きがないときにできることは、「待つ」ことです。

解決したいことがあるときや、「こうなってほしい」と思うときは、早く結果を知りたいと思ったり、具体的に努力できることのあるほうが気がまぎれます。すぐに取りかかれることが目の前にあると、物事がきちんと進んでいるような気分になるからです。じっと待っているのは、止まってしまっているような気持ちになるでしょう。

ですが、待っている状態というのはその物事が停滞しているということではありません。よりよいタイミングをうかがっているときなので、むしろ、それがそのときの最善の方法なのです。

逆に、動きがないとき（まだその流れではないとき）に行動を起こすのは、流れに逆らうことになります。こういうときこそ、自然の流れにまかせるのです。動きがない↓だから待つ……とても自然なことですよね。

待っているときに大切なことは、「必ず解決のヒントがやってくる」と思いながら過ごすことです。

すると、あなたのその波動がヒントになることを引き寄せてきます。

ヒントはまわりの出来事に隠れてやって来ます。人とのなにげない会話や、本で読んだ言葉、ふと目にしたこと、耳に残ったこと、それらの中に、あなたが望んでいる答えになるヒントが隠れて引き寄せられて来ます。

それをキャッチして、「これだ」と反応したことや、あなたの本音が「面白そう」と感じたことを選んでやってみてください。

待っているときに、必要以上に不安にならないでください。

待っているあいだに余計なことを想像して、未来のことを勝手に悪くイメージしてしまうことがありますが、どんなに心配の要素があっても、それはまだ起きていないことです。あなたが勝手に先回りをして心配すれば、その心配の波動がその通りのことを引き寄せてきます。

楽天的で、いい意味で忘れっぽい人、あまり深刻にならない人に悪いことが起きにくいのは、余計な心配をしないからです。「お気楽者」というのは軽率な意味で使われることが多いのですが、余計なマイナスのことを考えないでいられる、素晴らしい特技です。

あなたに今、必要なのは「待つ」ことです。

「自分にとってのタイミングがそろったら、必ず良い方向へ動き出す。ヒントになることがきっとやってくる。それまで安心して待っていよう」

と思って、宇宙の流れにまかせてください。

「待ち」のことは
一度脇へ置いといて
「必らず答えがくる」
と思いながら
日々のことを楽しく

29 動きがないときは待つ
→流れの悪いときには動かない

method / 30

自然の流れで起こる変化を受け入れる

↓ あなたに必要な変化です

変化を恐れないでください。自然の流れで起こった変化は、今のあなたに必要な変化です。その変化の先に、あなたの望んでいる状況が待っています。

あなたが「こうなりたい」という意識を持って、それに必要なことを引き寄せ始めると、環境や感情の変化が起こることがよくあります。

たとえば、「本当にこれでいいのだろうか」という不安を急に感じるようになったり、まわりからの強い反対にあったり、自分の嫌いな部分やコンプレックスを急に感じるようになったりします。

突然そのような感情の変化が起こると、誰でも恐れる気持ちになったり拒否反応を示したりします。

でもその変化は、「こうなりたい」とあなたが望む状況になるために今のあなたに必要な変化なので、恐れないで受け入れてください。

一種の好転反応のようなものなのです。慣れていない人が急にマッサージを受けると、それまで凝り固まっていたところが反応して「もみ返し」と言われるようなだるさを感じることがありますが、それと同じように、これまでになかった新しい動きが出てくるのです。

今まで夢の実現を妨げてきたものが変わろうとして、表に出てきます。長いあいだの自分の考え方の癖や、まわりの人につくり上げられた狭い世界の常識など、それを突破しないとあなたの望む状況がやって来ないからです。ですから、変化が起こるのは良い前兆です。

でも、しばらくたてば「もみ返し」がなくなるように、心の壁も次第になくなっていきます。恐れるようなものではなく、ただの通過点だと思えばいいのです。

30 自然の流れで起こる変化を受け入れる
→あなたに必要な変化です

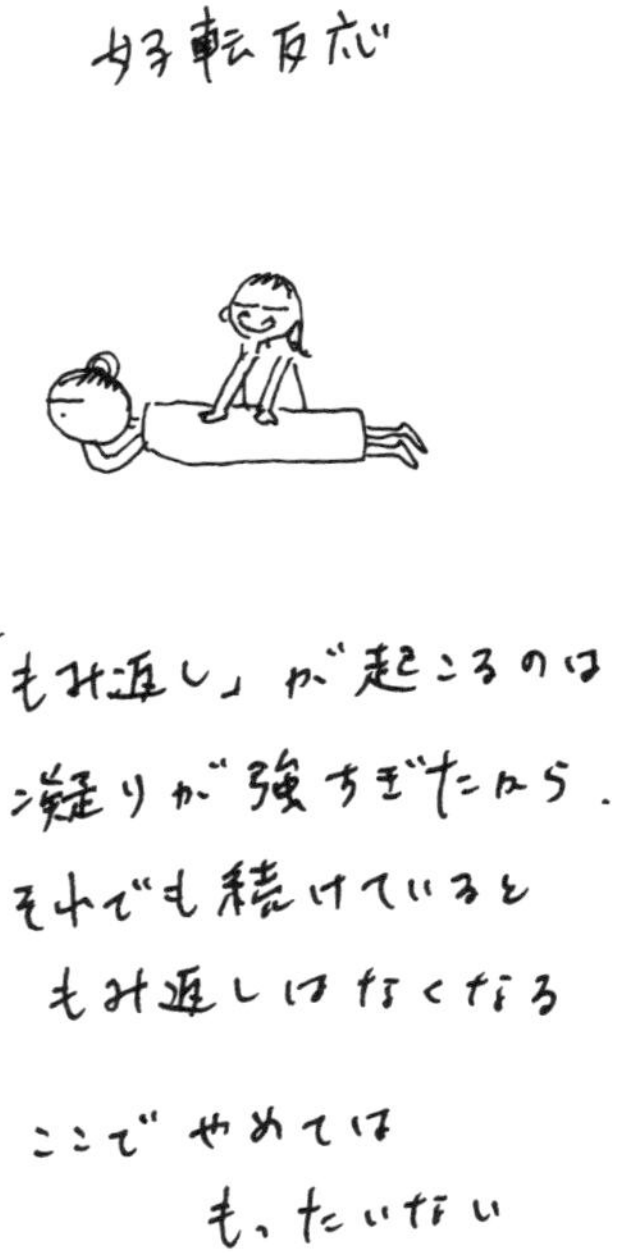
好転反応
「もみ返し」が起こるのは
凝りが強すぎたから.
それでも続けていると
もみ返しはなくなる
ここでやめては
もったいない

大きな変化が起こるときは（それが自然の流れで起きたものであれば）、大きく良いほうへ変わっている証拠です。新しい環境に慣れるためには、今までの古いものを捨てる必要があるという自然の流れなのです。

あなたの意識が楽しいもの、望んでいるものに向けられている限りは、そこに起こる変化もいずれ楽しいことにつながる変化なので、そのまま受け入れてください。

method / 31

素直になる

↓日常生活でためし、納得して確信を持つこと

宇宙とつながる方法に、特別なことはほとんどありません。どこかで聞いたことがある、昔から言われている、というものがたくさんあるはずです。

はじめて聞いたわけではないのにその効果に確信が持てないのは、ズバリ、「本当にためしていないから」です。知識としてどんなに頭で知っていても、やはり実際にためしてみなければ実感がわきません。人間は、日常生活で実感していないことに心から納得することはできないのです。

日常生活で効果を体験すると、その方法に自信と確信を持ちます。すると、前より強い気持ちでそれをするようになります。

本人が確信を持ってイメージしているときと、ただなんとなく考えているとき

とでは引き寄せるスピードがまったく違います。

悪い種類のイメージでも、なんとなく不安になっているときと、「こうなってしまったらどうしよう」という強い恐れの気持ちを持って考え続けるときとでは、後者のほうが現実化します。ですから、その方法に確信を持つだけで効果は倍増するのです。


素直な人（単純な人）は、宇宙とつながるまでが早いでしょう。

面白い情報や自分のアンテナが反応することを聞いたとき、変に構えて受け取ったり、すぐに否定したりすることなく、「へえ、すごいなあ、面白いなあ」と素直に感じることができるので、「面白い→ためしにやってみよう」と、効果を実感するまでが早いのです。子供がなにかにグッと感じ入ると、それだけをいつまでも見つめていたり、没頭することがありますが、それに近い状態になれるのです。

また、素直な人は宇宙とつながり始めた小さなサイン、たとえば、ちょっとした運のいいことが起こったこと、小さな偶然の一致が重なったこと、タイミングが良くなったこと……などが生活に起こったときにも、それを純粋に喜びます。

ただ単純に「面白い、本当になにか変化が起きているのかもしれない」と喜んでワクワクするのです。

これは、「単純な人はすぐに信じ込む」というような「洗脳」ではありません。また、なんでも鵜呑《うの》みにすることでもありません。相手からの情報を自分なりに理解しようとすることです。そして、自分の本音が「いい！」と反応したものはそのままためしてみる、という意味です。

やってみて、もし効果がなければその時点でやめればいいことです。はじめからずっと続けなくてはいけないと思うから億劫《おっくう》に感じるのであって、気楽に構えればいいのです。ビタミン剤でも健康ドリンクでもダイエットでも、少し続けてみないと効果は出てこない、それと同じです。

そして、それが生活の一部になるまで繰り返して習得することです。どんなに効果のある方法でも、それに慣れて自分のものにするまでには行動力が必要です。

31 素直になる
→日常生活でためし、納得して確信を持つこと

慣れてしまうと、一生懸命に「流れを良くするためにこう考えるようにしよう」などと思わなくても、自然な生活の一部になります。

強運の人がしていることを聞いてみると、本人にとっては意識してやっていることではなく、ごく自然に繰り返している一部であることが多いでしょう。

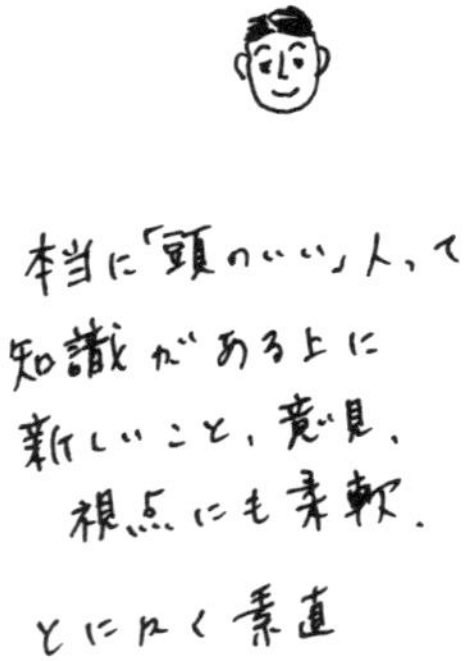
本当に「頭のいい」人って
知識がある上に
新しいこと、意見、
視点にも柔軟。
とにかく素直

method／32

今の環境に感謝をする

↓なにもない（＝無事）が一番ありがたいこと

今のあなたの状況に感謝してください。

先に感謝していると、あとからもっと感謝したくなることが引き寄せられて来ます。


あなたが今、当たり前と思っていることが明日突然なくなったら、そのときはじめて、今のありがたみに気付くはずです。

たとえば、あなたの最愛の人が突然亡くなったら、ある日突然病気が発見されたら、明日の朝起きて手足が突然動かなくなっていたら……そう考えると、今のこの環境にも感謝できることはたくさんあります。

なにか大きな事件があってはじめて、今までの幸せに気付くということは、逆に言うと、何事もない（＝無事）というのは、実はとてもありがたく幸せなことになります。

なにもないと言うと単調で平凡なように聞こえますが、「今日も一日無事だった」というだけで、数々の危機を通り抜けて何事もなく終わることができたありがたい一日だったのです。

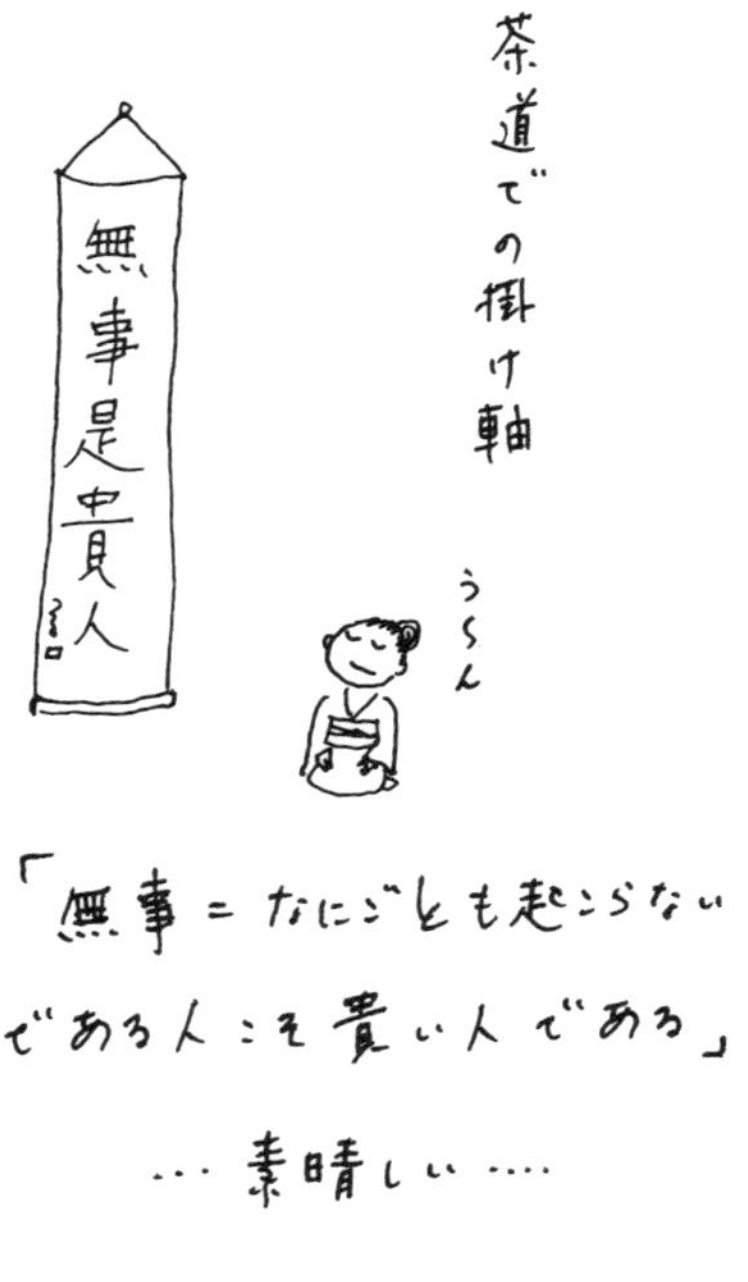
茶道での掛け軸
無事是貴人
うーん
「無事＝なにごとも起こらない
である人こそ貴い人である」
…素晴しい…

「ありがとう」という言葉を今までよりもたくさん使ってみてください。

「ありがとう」と言われて嫌な気持ちになる人はいません。

今の自分の状況にも「ありがとう」と心の中で言ってあげてください。たとえ、今の状況があなたに納得いかないものだったとしても、先に「ありがとう」と言ってしまうのです。

「ありがとう、ありがとう」と唱えることは、知らないあいだに今の自分の状況を受け入れることにつながります。今の状況を嫌いになってしまったら、そこに引き寄せてくるものは、さらに嫌いになりたくなるような環境なのです。

あなたが幸せを感じる事柄を起こしたいと思ったら、まず、今の環境を「ありがとう」と思い、マイナスのエネルギーを断ち切ってください。

「ありがとう」がどのように作用するか、実験する気持ちでやってみてください。おためし期間だと思えばいいのです。「ありがとう」を言うことくらい簡単なことなので、まず自分でためしてみる人、素直にやってみようと思える人ほど、効果を実感します。

32 今の環境に感謝をする
→なにもない（＝無事）が一番ありがたいこと

method / 33

寝る前は幸せな気持ちで眠る

↓見えないものに話しかける時間を持つ

一日の終わりは、マイナスのことがない幸せな気持ちの状態で眠りに入ってください。ひとり静かに目をつぶる時間をつくってください。

睡眠は、いろいろなものが癒やされ、補給され、エネルギーが回復するときです。たとえ今日不快なことがあったとしても、一日の終わりは幸せな気持ちの状態になってから眠りに入り、不快な気持ちを次の日に持ち越さないようにしてください。

寝る前にひとり静かに目をつぶり、宇宙のことを思い、見えないものに話しかける時間をつくってください。ベッドの中でなくても、寝る前のひとときや、お風呂に入っているときなど、ひとりで静かになれる空間であればどこでもいいのです。これを「神様にお祈りをする」と表現する人もいれば、「守護神や天使に話しかける」という人もいれば、「瞑想《めいそう》する」という人もいます。

やり方は人それぞれで、あなたが心地いいと思う方法でいいのです。

ゆったりとリラックスした状態で今日一日のことを思い出し、今日も無事に終わったことを感謝してください。あなたが意識を集中させて引き寄せたいことを確認してください。

反省することがあれば、そのときに済ませてください（あまり長いこと反省していると、いつの間にかマイナスの波動になるので、暗い気持ちになる反省ではなく、これから気を付けようという確認程度です）。

お願い事があるのであれば、このときにお願いしてください。それが欲やエゴからではない純粋な希望や望みであれば、宇宙の役に立つようにお願いしてください。

最後に、うれしいことを想像してください。考えると幸せな気持ちになること、そうなったらうれしい未来のこと、やさしい気持ちになることを思い出し、居心地のいい幸せな気持ちになって眠ってください。

波動の質がいい状態で眠りに入ると、次の日の朝の感覚が違ってきます。

夢の中で、今のあなたに必要な情報を見ることもあります。

朝、すっきりとした気持ちで起きるのと、きのうの不快を引きずったまま起きるのとでは、そのあとの一日の活動がまったく違ったものになってくるのです。

「眠っているあいだにますますエネルギーが補充されて、宇宙とつながるかもしれない」と思い、毎晩眠るのを楽しみにしてください。

旧版あとがき

至福を感じて毎日を過ごすことができている人たちの源泉は、「自分は宇宙に愛されている」という漠然とした、でもたしかな感覚だと私は思います。

この感覚に気づくと、ますます人間らしく感性豊かになり、毎日が楽しくなります。

日々、いろいろなことを経験させられると、すべて、その人にとって必要なことがベストなタイミングで用意されているなあ、としみじみ思います（毎回あとがきに同じようなことを書いている気もしますが、書き終わると、いつもこれを再確認して同じような気持ちになるのです^^）

今回、はじめて一緒に仕事をさせていただきましたフォレスト出版の長倉顕太さん、宮内あすかさん、表紙の天体のイメージを何度もつくりなおしてくださった大西姉妹さん、そして太田宏社長には本当にお世話になりました。別売りの33枚のカードセットも含め、はじめてのことをたくさんさせていただいた思い出深い本となりました。

目に見える人の縁、見えないモノの力、すべてにありがたい気持ちでいっぱいです。

ありがとうございました。

2009年　春　浅見　帆帆子

新装版あとがき

宇宙につながるコツ

本書『宇宙につながると夢はかなう』を書いたのは2009年、そのポケット版を出すにあたり今改めて読み返しても、ここに書かれていることはひとつも外せない「宇宙につながるコツ」だと思います。同時に、ここをきっかけにもっと先のコツもあるのではないか……宇宙につながるコツの探求は、生きている限り終わりはありません。

宇宙につながるきっかけは誰の身にも毎日起きている

本書で私が使っている「宇宙につながる」とは、「今の人間を超えた偉大な叡智にアクセスする」という意味です。

これを「瞑想」という方法に

よって感じる人もいれば、「直感」と表現する人もいれば、「神様」という呼び方をする人もいるかもしれません。
どんな呼び方であろうと、同じことを伝えているその「宇宙」にアクセスすると、新しいアイデア、解決策、答えなどがわかります。インターネットにアクセスして情報をダウンロードするようなものです。

その答えは自分の心に自然と湧いて来るように感じたり、目に止まるものや人の言葉など、外からの「なにか」からわかることもあります。

呼び方や感じ方は人それぞれですが、共通していることは、「宇宙につながるとは、決して特別なものではない」ということです。特定の修行を積んだ人に啓かれるものでもなければ、なにかを成し遂げた人だけに与えられるご褒美でもありません。

ただ、「自分がそれに気付くかどうか」だけです。

だからこそ、気付くヒントは自分の日常生活にあります。

本書にあるように、宇宙につながるコツは、誰もが普通に日常を暮らしていく中に出てくることであり、ちょっと見方や捉え方を変えただけで、実際に自分の人生に起こる事柄が変わっていきます。

それを繰り返しているうちに、宇宙からのサインが、はじめの頃とは違う（ある意味マニアックな）方法でやって来ることはありますが、始まりはとてもシンプルで、目の前にあることがきっかけなのです。

宇宙につながるコツを一言でまとめると「自分の心が居心地良くなることをする」

たとえば本書にある「今の瞬間を楽しむ」「すべてを本音で選ぶ」「過去の思いを解放する」というのは、そうした方が自分の心が楽に、居心地良くなるからです。

「言霊の力を理解する」

「不快なものに意識を向けない」「偏見や思い込みの枠を外す」なども、「そうした方が偉い、きちんとしている大人の対応」だからするのではなく、そうした方が自分の気持ちが明るくなるからです。

良い行いだからするのではなく、どう捉えれば自分の心が明るくなるか、負担なく楽しく進むことができるかを考えた結果、出て来たことなのです。

私自身、なにかが起きたときに、自分の気持ちが楽になる捉え方を基準に進んでいたら、自動的に運が良くなり、「直感」というものの感覚がわかり、「宇宙につながる」という感覚がわかってきました。

決して、はじめからその類のものに興味があったわけではなく、「宇宙につながる」という言葉自体、それが一番しっくり来る表現として、後から出て来たものに過ぎないのです。

自分が居心地良くなるように捉えていけばいい……その基準で考えると、宇宙につながるコツは次々と見つかります。

もっと宇宙につながるコツ①

今、自分が一番やりたいことを優先させる

たとえば本書から発展させたコツをいくつかご紹介しましょう。

ほとんどの人が、日々、やりたいことではなく「やるべきこと」を優先させて生きています。それが社会で生きる大人としてのまともな行動、と思っているからです。

もちろん現実的にこれは必要ですが、今あなたが抱えているすべての「やるべきこと」は、本当に今日中に、今週中にしなくてはいけないことでしょうか？　半分以上は、明日でも来週でも大丈夫なことではありませんか？

もちろん、法律で決められているなにかや、自分がやりたいことに進んでいるときや、スピードが命という勝負どころでは「なにがなんでも

今日やるべき！」としていいのです。

ここで言っているのは、「知らないうちに、今日やらなくてもいいようなことにまで手を出して、自分で自分の首を絞めていることがありませんか？」ということです。

ほとんどのことは、明日（来週）になっても大丈夫なはず……つまり正確に言えば、「やるべきこと」とは「やるべきだと思いこんでいること」に過ぎず、ほとんどの人がその思い込みに支配されて生きているのです。

「面倒なことから片付けよう」という人もいるかもしれません。自分を煩わせる雑用を片付けてから、いよいよ自分の本当に好きなことに取りかかろうという人生の順番です。

ですが、**生きている限り、雑用がなくなることは永遠にありません。雑用の繰り返しこそ、日常生活だからです。**

私自身、「そのとき一番気が乗ることを優先する」をやってみた結果、まず明らかに直感が冴えるようになりました。考えてみると、これは当たり前のことなのです。「そのとき一番気が乗ることをする」というのは言葉を変えると、自分の本音の通りに動き始める、ということだからです。

この「心の本音」こそ、直感なのです。あなたの心が動くこと、気が乗ったこと、目に止まったこと、ワクワクすること……、そのような感覚を通して、直感は「そっちを選んだ方がいいよ」というサインを送ってきています。

ですから、気が動くことを優先させるようにすればするほど、直感が冴えていくのです。

この力は誰にでもありますが、日々あまりに多くのやるべきことや情報にまみれていたり、世の中の常識や世間の目や、知らぬ間に押しつけられている「こうあるべき」に振り回されていると、本来の能力が埋もれてしまい、直感を感じることもできなくなります。

そして、**誰のために生きているのか、自分の本音はなにかもわからなくなり、疑問を感じながらも世間のマニュアルを追うことになってしまうのです。**

「大自然と交わる」「携帯電話の電源をオフにする」「一日なにもしない日を作る」というようなことも、すべて同じ目的のためにあります。

ためしにほんの少しだけ、「今やりたいこと」を優先するようにすると、その空いた時間、余白に直感が流れ込み、人生に起こることが確実に変わります。

この数年、神社仏閣をはじめ「パワースポット」とされる場所のパワーをいただく、という行動をする人が増えました。

たしかに、「場のエネルギー」というのは存在します。そこに元々宿っている土地の「気」、長い間にそこに集まった人々の祈りのエネルギーなど、普通の場所とは格段に違う清々しいなにかを備えている場所は、確実にあります。

ですが、いくら力の強いパワースポットに足を運んでも、今いる自分の場所に居心地の良さを感じられなければ、効果は半減です。素晴らしい薬やビタミンを処方してもらっても、日常生活が変わらなければ結局……と同じです。

もっと宇宙につながるコツ②

今いる自分の場所をパワースポットにする

家（部屋）は、あなたが毎日寝起きする場所、エネルギーを充電する場所です。朝起きてすぐに目に入るモノがゴチャゴチャしたダンボールの場合と、自分の大好きなお気に入りのモノの場合、同じ人でも、そこから考えることは違ってきて当然で

す。

モノにはすべてエネルギーが宿り、とりあえず適当に置いているモノと、大好きで大事に飾っているモノでは、そこからあなたが受けるエネルギーは変わります。まして、埃の積もった空気の停滞している部屋と、そうではない部屋の違いは言うまでもありません。

掃除は見た目の効果だけではなく、動いていない場所の「気を動かす」ことによって、そこに住む人全体の流れを良くすることにあるのです。

モノのエネルギーや波動など、「目に見えないことが見える」という種類の人たちに言わせると、自分の家（部屋）を愛している人は家（部屋）からも愛されているので、その人自身のオーラが輝いているといいます。

それはもちろん「お金をかける、贅をつくす」ということとはまったく別次元にあることで、**「自分がその空間を愛することができるように**

工夫する」「自分の家を一番居心地のいい自分（家族）のパワースポットにする」ということです。

これも結局、「部屋を綺麗にした方が素晴らしいから」ではなく、その方が自分が楽しくなる、テンションが上がるからなのです。

もっと宇宙につながるコツ③

苦手な人からは離れていい

好みではないモノがあるように、（それを無理に好きになろうとする人はいないように）人に対しても、苦手な人や合わない人はいて当然です。

それは、あなたが悪いのでも、相手が悪いのでもなく、その人とはエネルギーの種類や方向性が違うからです。

決定的な理由がある場合は

もちろん、「なんとなくモヤモヤする」という感覚も立派なサイン、直感です。直感は、あなたに対してだけの情報であるため、その感覚を他の人にも同調してもらう必要はありません。

会うと気持ちが沈む人、モヤっとする人、そう感じる人からは距離を置く、離れていい……これを実行すると、それだけで流れが良くなることを実感するはずです。

ですが、実はこれはなかなか難しい。

なぜなら、「距離を置いたら仲間外れになるのではないか」「楽しい話が入って来なくなるのではないか」「損するのではないか」と……。心はきちんとモヤモヤを感じている（本当は離れたい）のに離れないほとんどの理由は、このような損得勘定があるからだと思います。

ところが、ためしに実践してみると実際は逆であることに気付きます。

自分の本音に素直になって（直感に従って）離れてみると、自分の心からマイナスが減り、情報量は減るどころか、本当の意味であなたにとっ

て必要な情報が入って来るようになります。さらに、あなたが無理をしなくてもいい、本当の意味で気の合う新しい人と出会います。

人から受けるエネルギーは良くも悪くもとても大きい……、だから今あるあなたのエネルギーを質良く守るには、あなたがモヤッと感じる人から素直に距離を置いていいのです。

上記の3つはただの一例ですが、どれも本書に書いてある基本を発展させたものです。「自分の心が明るく、楽になるのはどっち?」という基準で選び始めると、モヤモヤしたものがなくなり、自動的に宇宙につながりやすくなります。

宇宙につながると、あなたが必要としているもの、人、情報が絶妙のタイミングでやって来ることがわかるようになる、その結果、夢や望みが実現していくようなことも起こります。

私たちはなんのために生まれて来たのか?

それはやはり、人生に起こるすべてのことを味わい、楽しみ、「生きるってなかなか面白い」ということを感じるためにあると私は思います。

世間や特定のコミュニティが作った「幸せのマニュアル通り」に生きるのもよし、そこに違和感があれば違う選択をするのもよし、最終的に、あなたの心がワクワクと反応することを、自由に、あなたのやり方で進んでいっていい、そんな時代にようやくなって来ていると思います。

そして、本音の通りに生きれば生きるほど宇宙につながることになるので、ますます流れが良くなり、世界は広く、なんでもできると感じる……それを実感すると、幸せになる仕組みはとてもシンプルで、毎日の生活に溢れていることがわかります。

同時に、目に見えない世界は、日常の目に見える世界の延長線上に、すぐ隣りに、今ここに共存しているものだと実感するのです。

２０１６年　浅見 帆帆子

浅見帆帆子（あさみ・ほほこ）

作家・エッセイスト。東京生まれ、東京育ち。青山学院大学卒業後ロンドンに留学、インテリアデザインを学ぶ。帰国後執筆活動に入り、代表作『あなたは絶対！運がいい』（廣済堂出版）、『大丈夫！うまくいくから』（幻冬舎）をはじめ、著書は50冊以上、累計450万部以上のベストセラーとなり、海外でも広く翻訳出版されている。共同通信「NEWSMart」で、コラム「未来は自由」を連載中。全国で1000人規模の講演会を満席にする実績があり、数千人の会員を持つ公式ファンクラブ「ホホトモ」を通して、読者との交流も積極的に行っている。独自の感性によるファッションセンスが話題を呼び、2011年オリジナルブランド「AMIRI」が誕生、ライフスタイル自体が注目されている。

【公式HP】 http://www.hohoko-style.com/

【Facebook】 http://www.facebook.com/hohokoasami/

【AMIRI】 http://hoho-amiri.com/

本文イラスト	**浅見帆帆子**
カバーイラスト	**井田やす代**
ブックデザイン	**細山田デザイン事務所**
DTP	**キャップス**

宇宙につながると夢はかなう 新装版

2017年1月3日　初版発行
2022年9月28日　6刷発行

著者　浅見帆帆子
発行者　太田　宏
発行所　フォレスト出版株式会社
〒162-0824 東京都新宿区揚場町2-18 白宝ビル7F
電話　03-5229-5750（営業）03-5229-5757（編集）
URL　http://www.forestpub.co.jp
印刷・製本　中央精版印刷株式会社

ISBN978-4-89451-742-4　Printed in Japan

乱丁・落丁本はお取り替えいたします。